耐《たい》心《しん》力《りょく》

重圧をコントロールする術《すべ》がある

川島永嗣

幻冬舎

まえがき

完全に、自分のミスだった。
とっさに両手で拳《こぶし》を作り、ユスフ・サバリのシュートをパンチングで弾《はじ》いた。次の瞬間、ボールは目の前にいたサディオ・マネの足に当たり、ゴールに吸い込まれた。

2018年ロシアW杯、セネガルとのグループリーグ第2戦。前半11分のことだった。
左サイドからクロスが上がった次の瞬間、(原口)元気のバックヘッドは背後にいたユスフ・サバリの足元に落ち、サバリはトラップでボールを内側に置いてシュートを放った。そして、僕はその処理を誤った。

国内最後のテストマッチとして臨んだガーナ戦以降、ミスが続いていた。合宿中からコンディションは悪くなかった。シーズン後半戦は所属チームでも試合に出ていたし、手応えはあった。でも、なぜかミスは続いた。

日本代表の監督がヴァイッド（ハリルホジッチ）から西野（朗《あきら》）さんに替わったのは、本番2カ月前の4月上旬のことだった。

異例の監督交替劇だった。

正直に言えば、驚いた。個人的には何度も発破《はっぱ》をかけられてイラつくこともあったけれど、監督として、ヴァイッドは僕に多くの気づきを与えてくれた。「ヴァイッドと一緒にW杯を戦いたい」という思いは、退任が発表されても心の中にあった。

替わった西野さんも、絶大な信頼を寄せてくれた。ただ、僕はその信頼や期待に応えられなかった。ガーナ戦以降はミスの連続だった。W杯が開幕してもその流れを断ち切れず、セネガル戦でも自分のミスから大事な先制点を奪われてしまった。

男として、腑甲斐なかった。セネガル戦が引き分けに終わり、チームが最高の雰囲気に包まれても心に引っかかったものは取れず、だから、GKコーチに頼んで監督と2人きりで話す時間をもらった。

「申し訳ないと思っています。迷惑をかけてばかりで」

そう切り出した僕に、西野さんは言った。いつもと変わらず、ボソッとつぶやくように。

「何を言っているんだ。相手との1対1の場面でゴールを守ってくれたじゃないか。エイジには本当に助けられている。このままやってくれればいいんだよ」

この言葉で、僕は吹っ切れた。

ポーランド戦の2日前、ベースキャンプ地のカザンから移動したヴォルゴグラードのホテルの部屋で、ある光景が頭をよぎった。

2年前、ようやく手にしたフランスでの挑戦は、自分の期待とは裏腹にまったくうまくいっていなかった。

ベンチに入ることもままならない日々。

フランスのメスに移籍して以来、公式戦には一度も出場していなかった。

そんな時、ある試合でスタンドに日本の国旗を見つけた。

試合に絡めないでいる悔しさを残した帰り道、国旗を持ったそのサポーターは、スタジアムのゲートで出待ちをしてくれていた。

「僕、川島さんのこと、信じてますから！」

あの日の光景が鮮明に蘇ってくる。

次の瞬間、この４年間自分を信じ続けてくれてきた人たちの顔が次々に浮かんできた。

チームがなかなか決まらない中、ただひたすら知らせを待つしかなかった時に、いつも笑顔で練習に付き合ってくれたＧＫコーチ。

夢を語り合い、チームがない時もフランスで初めて試合に出た時も、僕の話に耳を傾け、いつも丁寧に身体をケアしてくれたトレーナー。

キャリアのほとんどをともに過ごし、いい時も悪い時もいつも支えてくれているマネージャー。

何よりも、この苦しみ続けてきた４年間、一番近くで僕の無謀な挑戦を誰よりも理解し続けてくれた妻、そしてその中で生まれてきてくれた息子。

自分は、なぜ自分のことばかり考えているのだろう。

自分がどんなに追い込まれ、どん底に落ちたって、自分を信じ続けてくれる人たちがいる。
その人たちのために戦わなければいけない。

2014年ブラジルW杯。
大きな自信と覚悟を持って臨んだあの大会で、僕らは何もできず、1勝も挙げることができずに大会を去った。
あれから4年。
所属チームを失い、23歳の時から呼ばれ続けていた日本代表からも遠ざかった。自分の人生を捧げてきた4年間は、必死に耐えることの連続だった。

その集大成として、いま、もう一度、自分を信じてくれる人のため、応援してくれる人のために、そんなみんなの想いを背負ってW杯という夢の舞台に立つことを許されている。

「耐心力」

少し重たく聞こえるかもしれないこの言葉は、文字どおり「耐える心」を意味する。夢を描き始めた少年時代からずっと、じっと耐えることで道を切り拓いてきた。

人生はうまくいかないことの連続だ。

ベルギーでプレーしていた頃、街中のレストランでの夕食を終えて車に戻ると、何度も車がパンクさせられていた。試合を終えて帰ろうとすると、車の窓ガラスは大きな石で割られていた。浪人時代には、代理人から「絶対に大丈夫、契約できる」と言われていたにもかかわらず、移籍期限が切れても交渉に進展がないことを告げられ、ホテルの部屋で一人発狂した。


誰にだって逃げたくなる時はある。でも逃げてしまえば何も得られないと僕は思う。夢を追いかける途中で、逃げるという選択肢を選んだことは一度もない。

もしかしたら「耐える」という言葉は、多くの物事が簡潔化し便利になったいまの時代に逆行しているかもしれない。でも行き詰まったからといってすぐに次のステップを目指すのは、やはり違う。


苦しい時に耐え、信念を貫くことで「追い風は吹く」。

メスと契約できた時も、なかなかチームが決まらない絶望の中で受けた突然の連絡だった。自分の信念を貫き、どんなに苦しくてもじっと耐えた。そして、ようやく目指していたフランスの1部のチームと契約することができた。

この本に書く僕の経験を押し付けるつもりはありません。

でも、多く苦しみ、その中でも奇跡的な光景を目の当たりにしてきたこの4年間の経験は、決して自分だけのためにあるのではないとずっと考えさせられてきました。

ヨーロッパでは絶対的な価値を置かれ、代えのきかないGKというポジションにおいて、アジア人であり、日本人であり、欧州においては外国人GKである僕が、何を考え、どんな障害を乗り越えてきたのか。それを少しでも感じて、何か気づいてもらえるものがあれば、それだけでも僕が必死に耐えて続けてきたことの意味があるのかなと思います。

川島永嗣

耐心力《たいしんりょく》　重圧をコントロールする術《すべ》がある／目次

第二章　心を養う、18の人生訓――1日1％成長論――　71

構成＝細江克弥
装丁＝松山裕一（UDM）
写真＝峯岸進治 @shinjiminegishi
衣装＝武内雅英
協力＝田中隆祐（BRIDGEs） @ryusuketanaka
編集＝二本柳陵介（幻冬舎） @yanaginihon
編集アシスタント＝鈴木悟（幻冬舎） @str_szk

※各選手の所属チーム名は一部省略させていただきます。
※所属チームなどのデータは、2018年9月15日現在までのものです。

第一章

ロシアW杯備忘録

―苦しんだ先につかんだ、日本サッカーの目指す道―

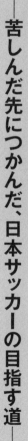

ガーナ戦から続いたミスの理由

僕にとって3度目のW杯が終わった。

やりきった。そう、この4年間は〝やりきった〟以上のことをやってきた自負があるし、この感覚を上回るものはないと断言できる。もちろん、瞬間を切り取ればそれでも後悔は後を絶たない。W杯が終わってから時間が経てば経つほど、その念は大きくなるばかりだ。

3年前、所属クラブを失った僕には何もなかった。ゼロどころかマイナスの状態だった。それでもそこからいままで挑戦することのできなかったフランスの1部リーグに挑戦でき、もう一度W杯の舞台に立つことができた。

「あの状態からそのふたつを成し遂げるまでになったんだから、すごいことだと思う」

そんな妻の言葉に救われた。

チームとしての目標はもっと高いところにあった。今回のＷ杯メンバーのひとりひとりからはそれだけ高みを目指す志を強く感じていた。だからこそ、後悔の念が大きくなるのは当たり前のことだし、この想いは一生心に残っていくものだと思う。

それが４年に一度のＷ杯というものだ。それでも、この４年間自分が歩んできた道には一寸の後悔もないからこそ、まずはロシアＷ杯のことを少し振り返って記そうと思う。

日本代表の監督がヴァイッドから西野さんに替わったのは４月上旬のことだった。正直に言えば、個人的には戸惑いしかなかった。

５月18日に国内最後の強化試合であるガーナ戦（同30日）のメンバーが発表されて、合宿が始まったのが３日後の21日。実際のところ、「どうやって攻める？」「どうやって守る？」という基本的な戦い方さえ、その時点では定まっていなかった。

オーストリア合宿が始まっても、状況はそれほど変わらなかった。監督やコーチングスタッフとのミーティングはもちろん、選手たちだけで何度も話し合いの場を持った。それですべてが解決するわけじゃない。あまりにも時間が足りなかった。

言い訳はしたくない。ただ、事実として、チームとしての戦い方がはっきりしなければ、GKはその影響をダイレクトに受けてしまうポジションだ。

監督が替われば戦術が変わる。戦術が変われば選手が入れ替わる。そうした変化はGKの〝一歩〟に影響するし、わずかなズレが状況判断を遅らせてしまう。もちろん、変化による対応力を問われたのは僕だけじゃない。特に、守備陣には選手個々の感覚ではなくグループとしての連動が求められており、「どうやって守る？」という迷いは、ひとつひとつのプレーにわずかな遅れを生じさせる。そして僕はそのズレを合わせることができていなかった。

そうしたズレや迷いは、ガーナ戦の1失点目である直接フリーキックと、2失点目のPKを与えてしまったシーンに直結してしまった。あの試合は立ち上がりから戸惑いを隠せず、結果的には、後々《のちのち》になってもメンタル面で引きずってしまうことになる。もし次の試合で払拭《ふっしょく》できていたら違ったのかもしれないが、スイス戦でもミスは続き、2つの失点を喫してガーナ戦に続く連敗となった。個人的に直面していたネガティブなサイクルは、本番に入っても続いた。

あれだけミスが続く状況は、いつ以来だろう。日本代表に合流する直前まで所属クラブのメスでなんの違和感もなくプレーしていて、コンディションは悪くなかったはずなのに。

批判される覚悟がなければ、日本代表ではプレーできない

ミスには「理想を追い求め、トライした結果起こるミス」と「人間なら誰でも起こる、単純なミス」の2種類がある。後者の単純なミスは、集中力の欠如から起こる時もあれば、どんなに集中していても、シーズン中に数回起こってしまうこともある。

もちろん、それが失点に直結してしまうのがGKだ。

自分の感覚では、ガーナ戦とスイス戦で起こったミスはどちらも前者で、自分の中で理由

がはっきりしているから、気持ちを切り替えられないものではなかった。GKにとっては、ミスの後にどのようにして気持ちを切り替えるかも、メンタルを保つためには重要な要素のひとつだ。

その理由とは、フランスでプレーしているGKとしての感覚、つまりポジショニングやタイミングといった守備の方法論と、日本代表でプレーする自分の感覚にズレがあったことにほかならない。ただ、そこはチームとしての戦い方やフォーメーション、味方選手の特徴や組み合わせに由来する部分は少なからずあり、自分が適応すればいい。いずれのミスもフランスでプレーしている自分の感覚を出しすぎてしまった結果で、そこを擦り合わせれば問題ないというのが僕の感覚だった。

ただ、それはあくまでGKとしての自分の感覚であり、見ている人が「明らかなミス」と解釈するのは当たり前のこと。さっきも書いたように、GKはミスが直接失点に繋がってしまうポジションだ。

それでも、自分には8年間日本代表のゴールを守らせてもらった経験も、海外でプレーさせてもらった経験もあり、過去にも同じような状況に直面しながら適応してきた自負もある。いまの自分がそれをできないのなら、ミスはミスと認めなければならない。

僕はチーム最年長だし、プレーでチームを引っ張らなければいけない立場にある。だから言い訳をして責任を逃れるつもりはなかったし、ミスがあれば批判されて当然だと思う。

「川島を代えろ」という声が多くあったことはもちろん知っていた。

大会中はできるだけ余計な情報は入れないようにしているけど、心配してくれる友人や知人からメールが届けば、それがどのくらい大きいものなのか察しがつく。

でも、今回の火種は自分自身が作ったものだ。大会直前のガーナ戦とスイス戦のパフォーマンスによって、そういった声が大きくなりすぎてしまったのかもしれない。

僕自身は「新しいチームに適応してやりにくさを解消すれば大丈夫」と感じていたし、自分の中には「何をすべきか」について明確な基準がある。他人に何を言われようが、自分自身を偽ったり、基準をブレさせてしまったり、僕に対する不要論がなくなるように仕向ける気もなかった。

チームとしては、最後の強化試合となったパラグアイ戦に４－２で勝ったことで、メンタル的な余裕を持つことができた。

この試合には前半はヒガシ（東口順昭《まさあき》）、後半は（中村）航輔がピッチに立った。メディアの人からは「8年前の自分を思い出したのでは？」と聞かれたけれど、僕自身は何も気にしていなかった。確かに8年前の自分は南アフリカW杯大会直前の強化試合で抜擢《ばってき》され、そのままレギュラーとしてW杯のピッチに立った。

ただ、ポジションを取って代わられる可能性と常に隣り合わせの状態にあるのが日本代表で、まして監督が替わったばかりのタイミングだからこそ、そういうことが起きても不思議じゃない。それが日本代表という場所だし、さらにW杯の23人のメンバーに入り、ピッチに立つとはそういうことだ。僕の中には常にその覚悟があった。

改めて振り返ると、パラグアイ戦に勝ったチームは大きな自信を得て勢いに乗るきっかけを手にしたが、選手たちはそれぞれに特別なプレッシャーを感じていたと思う。監督だけを頼りにするのではなく、自分たちひとりひとりに課された役割の大きさを誰もが理解していた。自発的なミーティングもピッチの中や外で何度も行ったし、こういう状況下だからこそ結束しなければいけないという思いは強かった。だから、小さなことでもスタッフ、選手ともに、お互いの意識を擦り合わせる努力を厭《いと》わなかった。もちろんそれは簡単な作業ではなかった。

監督にはそれぞれのスタイルがある。西野さんは口数が多いタイプの監督ではないが、選手の意見も積極的に聞いて引き出そうとしてくれた。普段は経験ある選手が意見することが多いが、若い選手や、普段話さない選手も意見を言いやすい環境になったことは間違いない。ミーティングを重ねながら、お互いの頭の中を理解し合えたことは、結果的にチームが結束するための一助となった。

さぁ、いよいよ本番だ。

僕にとって3度目のW杯は、そうして幕を開けた。

W杯は「新しい何か」をつかみ取る舞台

２０１７年12月に行われたW杯本大会の組み合わせ抽選会を見て、心が躍った。もし出場することができたなら、自分はどんな国の、どんな選手と対戦することになるのだろう。

もちろん、ピッチに立てるならそれ以上の幸せはない。そのためには練習場でハードワークをこなさなければならなかったし、目の前の試合で最高のパフォーマンスを示さなければならなかった。その先にしか3度目のW杯のピッチはないとわかっていたから、とにかく〝最高の1日〟を積み重ねることだけに集中してきた。

組み合わせ抽選の結果を見て、コロンビアに対しては「4年前のリベンジ」と考える人も多くいたと思う。もちろん、そういう思いは少なからず自分の中にもあったけれど、本当にわずかな気持ちでしかない。むしろ、僕はいままで出場したW杯がすべて延長線上で繋がっているとは考えていなかった。

4年に一度のW杯は、その背景にあるストーリーがすべて異なる。

選手も監督も違う。チームとして置かれた状況も立ち位置も違うし、相手の顔ぶれもレベルも違う。どうしても4年に一度の大会を一本の線で結びつけて考えがちだけど、少なくとも僕にとって、「8年前はこうだった」「4年前はああだった」と〝現在〟との比較対象にすることはできない。これはW杯という舞台そのものに対するリベンジだ。

W杯は、4年に一度きり。そのつど「新しい何か」をつかみ取るための大舞台だ。すべての国がそういう姿勢で臨んでくるからこそ、最後の最後まで何が起こるかわからない。

本番直前にパフォーマンスが落ちれば最終メンバーに残れないかもしれないし、メンバーに入ってもピッチに立てない可能性だってある。日本がものすごい快進撃を見せるかもしれないし、ブラジル大会と同じようにボロ負けして帰らなければならない可能性もある。そんなことは、その瞬間を迎えてみなければわからない。本当に、最後の最後まで何が起きるかわからない。それがW杯だ。

過去2大会の経験を通じてそれを理解していたからこそ、どんな状況に追い込まれても、その瞬間に自分ができることを最大限にやるしかないと考えていた。アクシデントが起きたなら、それを受け入れる。もしも神様しか知らない出来事が起きても、自分の力ではどうしようもないことが起きても、その時はその時。だから、ただ自分自身が進化することにすべての力を注ぐしかない。

W杯は夢の舞台だ。

サッカーを始めたばかりの子どもが、自分のプレーを見て感動してくれるかもしれない。その姿が目に焼きついて、小さい頃の自分と同じように大きなモチベーションを抱いてくれるかもしれない。進化しようともがく自分の姿をしっかりと示して、それを見てくれた小さい子が走り出してくれたら、そしてGKを始めてくれたら、サッカー選手としてこれほど幸せなことはない。そんなことを考えながら、W杯の開幕を待った。

VS.コロンビア
なぜ壁は高く跳んだのか。試合後になぜ、あの失点について話さなかったのか

迎えたコロンビアとの初戦。僕はスタメンでピッチに立った。初めて出場した2010年南アフリカW杯と比べれば、ずっと落ち着いていた。

前日にホテルの窓から外を眺めると、コロンビアのユニフォームを着た人々が溢《あふ》れ、黄色一色になっている。ブラジルW杯の時と同じように〝どアウェイ〟の雰囲気になるかもしれない。そう思った。

グループステージを突破するためには「1戦目がすべて」だ。

開始3分、日本はカウンターからチャンスを作っていきなりPKを獲得し、先制点を手に入れた。

神様はいた。風が吹いた。しかも、最高にして最強の追い風だった。W杯にある独特の

〝流れ〟を一気に手繰り寄せた気がして、それがまったくできなかった4年前のブラジルW杯を思い出した。

退場者が出て相手が10人になったことによる〝戦いにくさ〟も、なかったわけじゃない。数的優位に立てばボールの主導権を握ってメンタル的な優位に立つことができるけれど、ボールを持てるからこその難しさもある。ただ、ぜいたくを言える状況じゃない。先制点を奪った。コロンビアは10人になった。まさに最高の立ち上がりだった。

失点を喫したのは39分のことだった。ファン・キンテロのフリーキックが4人の壁の足元をすり抜けてゴールに吸い込まれた。このフリーキックは、W杯という舞台だからこそ生まれたゴールだった。

事前のミーティングでは、壁の下を狙ってくる可能性があるというスカウティングがチーム全員に周知されていた。だから「壁に入る選手は跳ばない」、あるいは「跳ぶとしても足先を残してボールが壁の下を通過しないようにする」という約束事があり、つまり、GKとしては「壁の下を通る可能性」を選択肢から消して相手との駆け引きを優位に進めたいと考

グループH	モルドヴィアアリーナ	6/19（火）21:00

日本 勝ち点3　**2**　1－1 / 1－0　**1**　**コロンビア** 勝ち点0

西野	**監督**	ペケルマン
香川（06分） 大迫（73分）	**得点**	キンテロ（39分）
川島 □	**警告**	■ サンチェス □ バリオス □ ロドリゲス
香川→本田（70分） 柴崎→山口（80分） 大迫→岡崎（85分）	**交代**	Ju・クアドラード→バリオス（31分） キンテロ→J・ロドリゲス（59分） イスキエルド→バッカ（70分）

※■は退場、□は警告（以下同）

試合開始直後に獲得したPKを香川が決めて先制。MFサンチェスの退場処分によって数的優位に立った日本は、39分に直接FKをMFキンテロに決められて同点とされたが、後半は数的優位を生かして再び主導権を握った。迎えた73分、途中出場の本田のCKから大迫のヘディングシュートで勝ち越しに成功。大事な初戦で値千金の勝ち点3を手にした。

えていた。

でも、壁に入った選手はキックの瞬間に跳び上がり、ボールは壁の下を通過した。その瞬間、壁の上を予測していた僕は一瞬反応が遅れた。セービングが間に合わないことを確信しながら、ライン上に1センチでもボールを残せないものかと必死に手を伸ばした。ほんの少しでもラインにかかっていればという思いでゴールラインシステムの確認をレフェリーにアピールしたけれど、ゴールが認められてしまった。

チームとしての約束事があったにもかかわらず、壁に入った選手たちはなぜ跳んでしまったのか。そう思

ЧЕМПИОНАТ МИРА ПО ФУТБОЛУ FIFA 2018 В РОССИИ
AIRWAYS
HYUNDAI

キンテロのフリーキックは、日本の跳んだ壁の下を通っていった。
©ロイター／アフロ

コロンビアに快勝。先制点をあげた香川真司を称えた。
©松岡健三郎／アフロ

う人は少なくないと思う。その答えはひとつしかない。

W杯とは、そういうもの。

サッカーとは、そういうもの。

試合前にどれだけ入念に確認したことでも、その約束事がどれだけシンプルなことでも、ピッチに立てば「絶対」はない。

例えば、コーナーキックやフリーキックから、なぜか完全にフリーの状態で相手選手がゴールを決めることがよくある。すべての選手にマンツーマンで対応しているはずなのに、なぜフリーになってしまうのか。つまり、「どうしてマークについていないんだ？」と「どうしてジャンプしたんだ?」は同じこと。試合中の脈拍数が200近くにも上がる極限の状態の中、選手たちは常に最高の判断を迫られている。GKとしてはその中で起こるイレギュラーに常に対応しなければならない。

GKには、そうした不測の事態への対応力も求められる。たとえ何が起こっても、なんとかしてゴールラインにボールを残すことがGKの仕事だ。

ただ、舞台がW杯であることを考えれば、試合後の取材エリアで「壁は跳ばない予定だった」と話すのはリスクが大きいと考えていた。これから戦うセネガルやポーランドとの駆け引きはすでに始まっている。だから、僕は「なぜあの失点が生まれたのか」について口にしたくなかった。

フリーキックの対応についても、監督が替わってチームの戦い方が変われば、いろいろな変化が起きる。小さな約束事やほんのわずかなポジショニングが失点に直結する。ガーナ戦については、僕の指示による壁の作り方も良くなかったと思う。あの位置のフリーキックなら5人を並べてファーサイドに1人を立たせる「5+1」の壁の作り方をするのが、それまでのやり方だった。でも、あの試合ではキックの瞬間に「1」の選手が動いてしまい、6人が並んでしまったことで僕の視界が遮《さえぎ》られた。反応が遅れ、コースの甘かったシュートを止めることができなかった。

チームとしての戦い方が変わるということは、つまりそういうことだ。ただ、GKの仕事が「ゴールを守ること」である以上、たとえどんな状況でも失点すれば自分の責任。戦い方の変化による感覚のズレも、過去に何度も経験してきたことだ。

同点ゴールを奪ったコロンビアには、たとえ10人であっても勢いがあった。守備陣として意識していたのは1－1のまま耐えること。案の定、後半になると相手の体力が落ち、59分にコンディションが万全ではないハメス・ロドリゲスが途中出場してからは、逆にチームとしての勢いも衰え始めた。

4年前のW杯で圧倒的な力の差を見せつけられたことによる恐怖心は、ほとんど感じていなかった。サコ（大迫勇也）のゴールが決まって勝ち越した瞬間は、最高の気分だった。

西野さんの思い切った采配を引き出す上でも、やはり本番直前のパラグアイ戦の勝利が大きかったと思う。（柴崎）岳《がく》や（昌子《しょうじ》）源、それから（乾）貴士はあの試合で結果を残し、その勢いをチームにもたらしてくれた。彼らの力を引き出し、あの大舞台で持っている力を普通に発揮させた西野さんの采配は見事だったと思う。岳や源にとっては初めてのW杯だったけれど、試合が始まれば、彼らの様子からなんとなく感じていた緊張感はどこかに消えていた。

チームの雰囲気は最高だった。コロンビア戦の勝利には、本当に大きな力があった。

セネガル戦で判断を誤り、先制点を献上した。
© 新井賢一／アフロ

VS. セネガル
完全に、自分のミスだった

第2戦で対戦するセネガルについては、個人的に「グループリーグで最も強い相手」という印象があった。

世界的にも注目を集めたサディオ・マネだけでなく、単純に圧倒的なスピードを武器とする選手が複数いるだけで脅威だ。例えば、僕らとの試合では途中出場だった9番の選手（マメ・ビラム・ディウフ）のスピードは、実際に体感してみて驚くほどだった。

グループH	エカテリンブルクアリーナ	6/24(日) 24:00

日本 勝ち点4	**2**	1－1 1－1	**2**	**セネガル** 勝ち点4

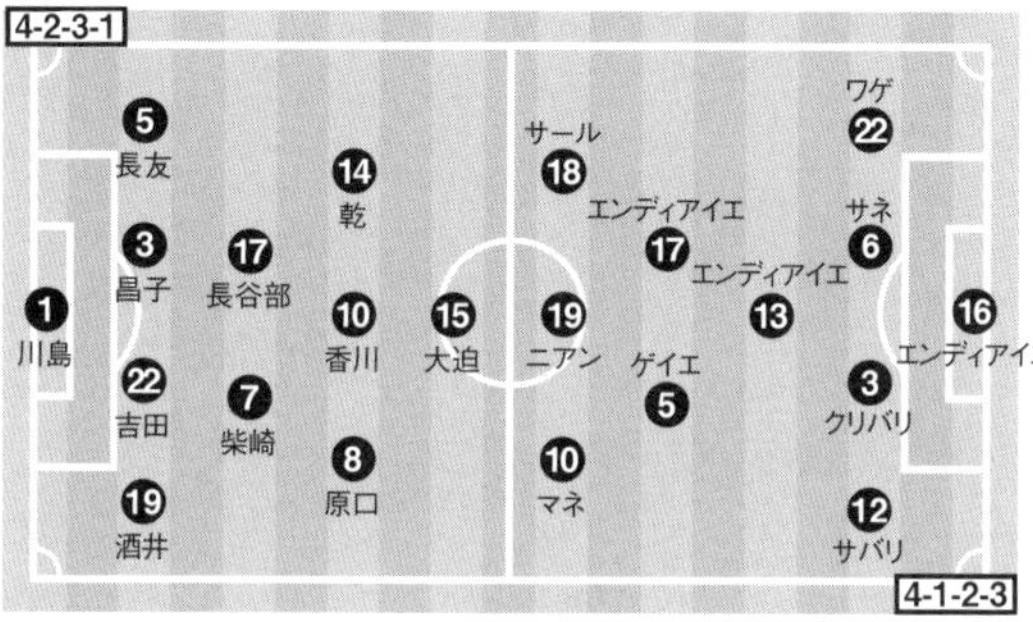

日本		セネガル
西野	**監督**	シセ
乾(34分) 本田(78分)	**得点**	サディオ・マネ(11分) ムサ・ワゲ(71分)
乾 □ 長谷部 □	**警告**	□ ニアン □ サバリ □ エンドイエ
香川→本田(72分) 原口→岡崎(75分) 乾→宇佐美(87分)	**交代**	A.エンディアイエ→クヤテ(65分) P.エンディアイエ→エンドイエ(81分) ニアン→ディウフ(86分)

セネガルのアグレッシブなプレスに押し込まれて11分に失点した日本は、迎えた34分、柴崎のサイドチェンジを長友が繋ぎ、乾の鮮やかなシュートで同点とする。後半は守勢が続いて71分に勝ち越しゴールを奪われたが、セネガルの運動量が落ちた終盤は日本が圧倒。途中出場の本田が同点ゴールを奪い、勝ち点1を加えてベスト16進出に大きく前進した。

セネガルの映像を見る限り、「ブロックを作ってカウンターを狙う」戦い方が彼らの特徴だった。僕らがそう分析してくるとわかっていたからこそ、あの日のセネガルは逆にアグレッシブなハイプレスを仕掛けて僕らの意表を突こうと考えたのかもしれない。実際、立ち上がりの時間帯はセネガルの勢いに圧倒され、押し込まれる時間が続いた。

失点が生まれたのは11分。

あれは完全に自分のミスだった。

日本の左サイドからクロスが上がり、元気のバックヘッドのクリアが

12番（ユスフ・サバリ）の足元に落ちた。僕はシュート体勢を作ろうとする相手の動きに合わせて腰を落とした。ほとんどフリーの状態であったこと、さらにキックのモーションを見て「強打が来る」と判断し、両手で拳を作った。ところが実際に飛んできたシュートは当たり損ねのユルい弾道で、逆に不意を突かれて拳の〝正しい位置〟でボールを捉えることができなかった。その結果、パンチングで弾いたボールを自分の目の前にいたマネの足に当ててしまった。

明らかなミスだった。試合が2－2のドローで終わったことで、個人としては本当に救われたし、チームとしては決勝トーナメント進出に望みを繋ぐことができた。

西野監督と交わした言葉

ロシア大会を通じて、西野さんの〝勝負師〟としてのキャラクターは見ている人にも伝わったと思う。

普段からそういう雰囲気を出しているわけじゃない。ただ、何度も口にしていた言葉があった。

「強気で行け」

コロンビア戦については、「『最低でも1－1でOK』ではない。もし1－1の状況なら『絶対に2－1にして勝ち越す』という強い気持ちを持って戦え」とかなり強調していた。セネガル戦もそうだった。

監督のタイプとしては、それほど口数が多いほうではない。はっきりとした意志を持っているけれど、それによって選択肢を限定することはなく、「こういうやり方もある」と可能性を広げる。

個人的には、西野さんの就任以来、それほど多くの言葉を交わしたわけではなかった。でも、信頼してくれていることは強く感じていたから、申し訳ないという気持ちでいっぱいだった。チームが生まれ変わったことで誰よりも大変な思いをしていたのは西野さんだったに違いない。ああいう形でチームの指揮を執ることになったにもかかわらず、結果を出すために重大な決断をいくつも下さなければならない。そんな状況を理解していたからこそ、信頼して使ってもらっている自分は「少しでも支えたい」と思っていた。その気持ちとは裏腹に、迷惑しかかけていなかった。

そんな気持ちを抱えたままの自分でいることが、僕にはできなかった。セネガル戦の次の日、西野さんに「話をしたい」と伝えた。

僕は、ヴァイッドのことを心から信頼していた。監督としてだけでなく、ひとりの人間としても好きだった。

だから、W杯で指揮を執る監督が誰になっても、その信頼関係を〝ヴァイッドの次に来た人〟にあっさりと移行することはできなかった。それは僕自身の人間としての信念で、そう

ポーランド戦の前に、西野監督と話し合ったことが転機となった。
© 新華社 / アフロ

した思いはW杯が始まっても心のどこかにずっとあった。正直に言えば、苦しささえ感じていた。

西野さんのことは、選手と監督の関係として信頼していた。ただ、僕の中にいるヴァイッドは、本当に多くの苦難を乗り越えてきた人で、周りから何を言われても自分を曲げない強い信念の持ち主だ。そういうキャラクターに対して信頼感を抱いていたからこそ、急に彼を失ったことによる喪失感は小さくなかった。蓄積《ちくせき》してきた思いを、抱えきれなくなっていたのかもしれない。

GKコーチに「西野さんと直接話した

い」と伝えて、ミーティングルームで2人きりになった。

「とにかく申し訳ないと思っています。これだけ信頼して使ってもらっているのに、自分は男として何もできていない。むしろ、若い選手、経験の浅い選手にまで迷惑をかけてしまっている。正直、西野さんが監督になってから、パフォーマンスとしてチームに貢献できているとは思っていません」

ただ、その時に感じていたことを素直に伝えたかった。「期待に応えられなくて申し訳ない」という気持ちを、男として伝えるべきだと思った。

少しの間を挟んで、西野さんが言った。

「そんなことはない。お前はちゃんとチームに貢献してくれている。確かに、セネガル戦のプレーはミスだったのかもしれない。でも、相手との1対1の場面では、しっかりとゴールを守ってくれたじゃないか。ミスは誰にでもある。永嗣には助けられているよ。逆に、俺は誰よりもいろいろなことを経験してきたお前になんと声をかければいいのかわからなかった。これまであまり話さなかったけれど、余計なことを考える必要はない。このままやってくれればいい」

僕の言葉に対する西野さんの反応を見て、かけてくれた言葉を聞いて、この難しい状況においても本当にいろいろなことを見てくれている人だと改めて感じた。交わした言葉は決して多くなかった。でも、西野さんは自分が思っていたとおりの人で、ヴァイッドと同じように全幅《ぜんぷく》の信頼を寄せられると心から思った。


ガーナ戦から続いたミスの連鎖《れんさ》は、セネガル戦で止まる気がしていた。自分の経験上、あれ以上にミスが続くことはまずあり得ない。だから、セネガル戦を終えた段階で自分の中にあった〝膿《うみ》〟を出し切ったと感じていた。

でも、そうじゃなかった。自分の中にわずかに残っていた膿を出し切ってくれたのは、西野さんだった。

短い時間だった。それでも、あの時に交わした会話で胸のつっかえがすべて取れた。僕にとっては、ロシア大会における大きなターニングポイントだった。

VS.ポーランド
信じてくれる人のために

その翌日、チームの広報担当者から「ポーランド戦前日の記者会見登壇《とうだん》者として、監督が永嗣を指名している」と伝えられた。ゲームキャプテンに指名されたのは試合当日のことだ。スタジアムに向かう直前のミーティングで、西野さんから伝えられた。

僕の胸に、熱いものがこみ上げてきた。

そこまでしてもらって、それだけの期待を寄せてもらって、その想いに応えられなければ男じゃない。自分を応援してくれる人、支えてくれる人、期待してくれる人たちの顔が頭をよぎった。

自分のプレーが批判されていることは知っていたし、僕自身、自分のプレーに対して納得

ポーランド戦で見せた、ビッグセーブは結果的には予選突破の決め手のひとつとなった。
©AP／アフロ

していなかった。悔しかった。この4年間、あれだけ苦しんで、それでも踏ん張って耐えてきたのに、たどり着く先がいまの自分かと。

所属クラブがなくなった時も練習に付き合ってくれた、代表GKコーチのハマさん（浜野征哉《ゆきや》）。長い付き合いになるマネージャーとトレーナー。それから、家族――。

それからもうひとり、ある人の顔が頭に浮かんだ。

日本代表のサポーターである彼は、僕自身が試合に出ていない時期にもかかわらず、フランスまでメスの試合を見に来てくれた。あの時、僕はこう伝えた。

「次に見に来てくれた時は、俺、絶対に試合に出ますから」

数カ月後、再びフランスを訪ねてくれた彼に、ピッチに立つ自分の姿を見せることができた。彼は言った。

「W杯、優勝しましょうね」

チームがなかった自分と一緒に練習してくれた人がいる。支えてくれた仲間も家族もいる。試合に出ていなくても、自分のことを信じてフランスまで駆けつけてくれた人がいる。頭の中をよぎるみんなの顔を思い浮かべながら、僕は思った。

自分じゃない。自分のためじゃない。自分を信じてくれる人たちのために戦わなかったら、俺はもう、男じゃない。

それまでの自分は、この期に及んでも自分のことばかり考えていたのかもしれない。どうしてこんなに苦しい思いばかりしなければいけないんだと、自分の気持ちばかりに目を向けていた。

グループH　ヴォルゴグラードアリーナ　6/28(木) 23:00

日本 勝ち点4	0	0 - 0 0 - 1	1	ポーランド 勝ち点3

日本		ポーランド
西野	監督	ナバウカ
	得点	ベドナレク(59分)
槙野 □	警告	
岡崎→大迫(47分) 宇佐美→乾(65分) 武藤→長谷部(82分)	交代	クルザワ→ペシュコ(79分) ジエリンスキ→テオドルチク(79分)

敗退が決まっていたポーランドに対し、スタメン6人を入れ替える大胆な布陣を選択。59分にセットプレーから失点を喫して敗退の危機に直面したが、同時開催のコロンビア対セネガルでコロンビアが先制し、2位通過の可能性が浮上した。ラスト10分間はリスクを冒さない「現状維持」を選択。結局、両試合ともゴールは生まれず、ベスト16に進出した。

でも、そうじゃない。僕は、僕を信じてくれる人のためにピッチに立つ。サッカー選手として最後の1日になっても後悔はない。そんな気持ちで、ポーランド戦のピッチに立った。

プレーしながら、自分でも心の中に引っかかっていた何かがキレイになくなっている感覚があった。いくつかのシュートを防ぐことができたけれど、あの瞬間はほとんど何も考えていない。ただ、90分を通じて冷静に対応することができたし、周りがよく見えていた気がする。

ラスト10分間の戦い方には賛否が

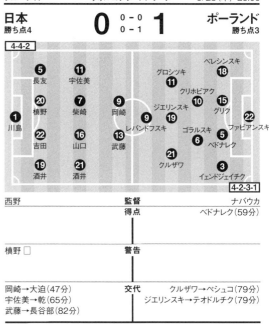

あった。

コロンビア対セネガルの試合経過とグループリーグ内の順位変動については、ウォームアップしていたマコ（長谷部誠）から「これ以上失点するな」と言われたことで察しがついた。だから状況を把握することはできたし、「イエローカードをもらうな」という指示や時間の経過によって、ピッチの上でやるべきことはより明確になっていった。

西野さんの判断が正しかったことは、結果によって証明されたと思う。確かに、セネガルが1点でも奪えばその時点で順位が入れ替わる〝他力〟の状況だった。でも、僕自身はそれほど心配していなかったし、なんとなく、コロンビアがそのままのスコアで勝つと信じていた。

もちろん、スタジアムでブーイングが巻き起こるのも不思議ではなかった。ただ、それを回避するための方法を考えても仕方がないと思う。最終ラインでパスを回すだけでなく、もう少しきちんと〝姿勢〟を見せる形でパスを回せばよかったのかもしれないけれど、あの瞬間の僕らにとって何よりも大事だったのは、失点をしないこととイエローカードをもらわないことだった。それを最もリスクが小さい形で遂行《すいこう》することに努めるしかなかった。

グループ2位での突破が決まり、日本は2大会ぶりとなる決勝トーナメント進出を決めた。僕は南アフリカW杯とは明らかに違う雰囲気を感じていた。8年前のチームにはひとつ大き

予選突破を決めて、応援していた息子・健誠《けんせい》を抱き上げた。
©AFP／時事

なことを成し遂げたという感覚があったけれど、今回は違う。

グループリーグを突破してベスト16に進出できたことは嬉しい。でも、最低でももうひとつ勝たなければ、日本サッカーの歴史を変えることはできない。チームの全員がそう思っていたし、決勝トーナメント進出という結果に満足している選手は誰ひとりとしていなかった。

もっといける。ここからが勝負だ。

チームには、そんな雰囲気が充満していた。

ベスト16に進出し、蘇《よみがえ》ってきた4年前の悔しさ

ポーランド戦翌日のミーティング。西野さんは、僕たち選手に「申し訳ない」と頭を下げた。

「このチームがスタートしてから、俺はみんなに『とにかく強気で戦え』と言い続けてきた。それなのに、昨日の試合ではその言葉とは真逆のことをさせてしまった。いままで言ってきたこととは違うことをさせてしまい、本当に申し訳ない。ベルギー戦では、もう一度、強気で戦うという気持ちを忘れないでほしい」

その言葉に、西野さんの覚悟が表れていたと思う。もちろん、選手たちは誰ひとりとしてポーランド戦のラスト10分にネガティブな感情を抱いていなかった。その思いを代弁したのが（長友）佑都だった。

佑都は「誰もそんなことは思っていません。僕らは恥じていない」と切り出し、「ブラジルW杯であれだけ悔しい思いをした。そんな僕らをここまで連れてきてくれたことに感謝の気持ちしかない」と続けた。その言葉の途中、「ブラジル」と口にした瞬間に佑都の目から涙が溢れた。

２０１７年秋、僕は初めて２０１４年ブラジルW杯の映像を見た。

初めて見たあの大会の自分は、はっきり言って未熟だった。あの時、僕はスタンダール・リエージュで手応えのあるシーズンを送り、W杯でもいいプレーができると信じていた。でも、もしかしたらそれは、慢心だったのかもしれない。そう思った。

ブラジルW杯を終えた時の感情は、いまでもはっきりと言い表すことができない。一勝もできずに大会を終えた瞬間、正直なところ、何がなんだかわからなかった。

南アフリカW杯で決勝トーナメントに進出して、その直後に戦いの場をベルギーに移して、いろいろな経験を積んだ上で臨んだ大会だった。ある程度の自信はあったし、そう感じていたのはたぶん僕だけじゃない。だから、ブラジルW杯では、いままでになかったものを得られるのではないかと信じていた。

それなのに、結果は散々だった。南アフリカ大会よりも悪い結果で終わってしまい、その原因を簡単に見つけることができずに自分を見失った。

自分たちがやってきたことは、いったいなんだったのか。どうして結果が出なかったのか。何が悪くてこうなったのか。負けた理由さえわからない。

いくつもの犠牲を払って、リスクを背負って海外に行った。それなのに、何ひとつとして形に残らなかった。日本サッカーが世界の舞台で結果を残すため、自分がＧＫとして成長するためには、これ以上何をしたらいいのだろう。漠然と、そんなことを思っていた。


アルベルト・ザッケローニさんが率いた日本代表は手応えを感じられる結果を残していたし、しっかりとしたプロセスを踏んでいた。

２０１１年のアジアカップで優勝し、フランスやイタリア、オランダやベルギーといった世界トップレベルのチームといい勝負をした。親善試合だけじゃない。コンフェデレーションズカップのように大きな大会でもＷ杯に向けての手応えを得ることができた。

正直なところ、「絶対に勝てない」という感覚に陥った試合はひとつもなかった。何人もの選手が海外でプレーするようになり、それぞれが所属クラブで存在感を示すことで、そういうメンバーが集結したチームに自信を持ち始めてもいた。

だから、ブラジルW杯が終わった瞬間の気持ちを言葉にするのは、いまでもすごく難しい。ひとことで言うなら「虚無感《きょむ》」。何も考えられなかったし、本当に、何も感じなかった。ふさわしい言葉を探しても、ずっと見つからなかった。「なんでだろう」と自問自答を繰り返すしかなかった。

W杯直後のオフを利用して僕はハワイに行った。虚無感から抜け出したくてスカイダイビングにトライした。派手なことをやらないと、その瞬間のリアルな感覚がわからなかった。そういう時間は、思ったよりも長く続いた。きっと時間が解決してくれるだろうと思っていたけれど、時間の経過はかえって虚無感を煽《あお》る一方だった。いまとなっては、そんなに落ち込まなくてもよかったんじゃないかと思える。でも、とにかくあの時は、自分の気持ちを整理することができずにどこまでも落ちた。

結局、あの時、自信を持ってW杯に臨んだこと自体が間違いだったのではないかと思う。強い相手と試合をして、その結果や内容で自信をつけることは確かに大事だ。でも、おそらく自分たちの現実的なレベルを見誤っていたのだろう。確信的なレベルにはたどり着けていなかったし、世界はまだ、ずっと遠くにいた。

あの時の悔しさは忘れられない。だからこそ、佑都が流した涙の意味がよくわかった。

川島永嗣が綴った2014年ブラジルW杯の日記

最後のページ

涙が止まらない。こんな結末で終わってしまったことが、信じられないけど現実だ。朝起きて目を覚ました時、夢だったらと思うが、これが現実。これだけ大きな期待を背負って大きな希望を持って望んだ日々。4年前の悔しさからずっと応援し続けてくれていたのに本当に申し訳ない気持ちでいっぱいだ。

思い返せば4年前の悔しさからさらなる飛躍を求めてベルギーに渡った。弱小チームだったけど何点取られても新しい海外でプレーすること、GKとしていままで成し得なかったことをするという気持ちは変わらなかった。浴びる程のシュートも、もっと難しいシュートを止めるためのチャンスだと思った。

スタンダールでも点を取られる度に他のGKの名前をスタジアム全体が呼んでも、いつも自分を振るい立たせた。これが日本のGKだと。そして、すべてはこのブラジルW杯のためだと。

ある人が言っていた。試合が終わって涙を流す前に、いま苦しめと。でも涙を流すのもまた人生だ。悲しみのない人生なんてないし、涙を流さない人生もまたない。その涙から学ぶこと、その悲しみから人の痛みを知ること、そうやってまた強くなっていく。

このチームは本当に向上心の塊《かたまり》だった。1人1人の日本を強くするという思い。日々の努力。1人1人のチームに対する犠牲心。これは本当に日本の強さだ。そしてこのチームを4年間支えてくれた監督、コーチ、スタッフ。これだけ最高の準備をしてきてくれたのに、ピッチの上で結果を残せなくて本当に申し訳ない気持ちでいっぱい。

そんなやるせない気持ちばかりだけど、この4年間共に戦ってきた仲間、監督、コーチ、最後まで最高の環境を整えてくれたスタッフ。期待には応えられなかったけど、最後の最後まで応援してくれた日本人・外国人サポーターに本当に本当に感謝。人生にもサッカーにも良い時もあれば悪い時もある。でもこの思いが、この出来事が意味があったと言える日まで、また前へ進んでいくしかない。

涙が止まらない。こんな結末で終わってしまったことが信じられないけど現実だ。朝起きて目を覚ました時、夢だったらと思うが、これが現実。これだけ大きな期待を背負って大きな希望を持って望んだ日々。4年前の悔しさからずっと応援し続けてくれていたのに本当に申し訳ない気持ちでいっぱいだ。思い返せば4年前の悔しさから更なる飛躍を求めてベルギーに渡った。弱小チームだったけど何点取られても新しい海外でプレーすること、GKとして今まで成し得なかったことをするという気持ちは変わらなかった。浴びる程のシュートももっと難しいシュートを止めるためのチャンスだと思った。スタンダールでも点を取られる度に他のGKの名前をスタジアム全体が呼んでもいつも自分を振るい立たせた。これが日本のGKだと。そしてすべてはこのブラジル杯のためだと。ある人が言っていた。試合に終わって涙を流す前に今苦しめと。でも涙を流すのもまた人生だ。悲しみのない人生なんてないし、涙を流さない人生もまたない。その涙から学ぶこと、その悲しみから人の痛みを知ること、そうやってまた強くなっていく。このチームは本当に向上心の塊だった。1人1人の日本を強くするという思い。日々の努力。1人1人のチームに対する犠牲心。これは本当に日本の強さだ。そしてこのチームを4年間支えてくれた監督、コーチ、スタッフ。これだけ最高の準備をしてきてくれたのに、ピッチの上で結果を残せなくて本当に本当に申し訳ない気持ちでいっぱい。

そんなやるせない気持ちばかりだけど、この4年間
共に戦ってきた仲間、監督、コーチ、最後まで最高の
環境を整えてくれたスタッフ。期待には応えられなかった
けど、最後の最後まで応援してくれた日本人外国人
サポーターに本当に本当に感謝。人生にもサッカーにも
良い時もあれば悪い時もある。でもこの思いが
この出来事が意味があったと言える日まで、また前へ
進んでいくしかない。

VS.ベルギー
勝てる気しかしなかった

あれから4年の歳月が流れ、ブラジルで感じた世界との差を少しでも埋められたのか、それはわからない。ただ、ロシアW杯でベスト16に進出した自分たちに自信を持っていたし、それでいて謙虚さも失わなかった。ＦＩＦＡランキング3位（当時）のベルギーと対峙《たいじ》しても、勝てる気しかしない。僕だけじゃなく、おそらく全員がそう感じていたに違いない。

個人的には、運命のいたずらみたいなものを感じて苦笑いするしかなかった。ベルギーは初めての海外挑戦の舞台として選んだ国で、日本では感じられなかった充実感とともに、本当に何度も、とてつもなく苦しい状況や厳しい現実を突きつけられた。そんなめぐり合わせを思えば試合に対するモチベーションは最高潮に達した。

あの国で5年も生活した僕が知っているベルギー代表の特徴を考慮すると、試合の流れの

ラウンド16	ロストフアリーナ	7/2（月）27:00
日本	**2** 0－0 2－3 **3**	**ベルギー**

日本		ベルギー
西野	**監督**	マルティネス
原口（48分） 乾（52分）	**得点**	フェルトンゲン（69分） フェライニ（74分） シャドリ（94分）
柴崎 □	**警告**	
柴崎→山口（81分） 原口→本田（81分）	**交代**	メルテンス→フェライニ（65分） カラスコ→シャドリ（65分）

試合が動いたのはスコアレスで迎えた後半開始直後。48分には柴崎のスルーパスから原口、52分には香川とのコンビネーションから乾が決めて日本が2点のリードを奪った。しかし、高さを駆使するベルギーの猛反撃を抑えきれず、69分、74分と立て続けに失点。ラストプレーとなった高速カウンターを阻止できず、劇的逆転弾を喫してベスト16で散った。

中で彼らにとってネガティブなきっかけを与えることができれば、勝機は必ず自分たちの手に転がり込んでくるはずだと思っていた。

そして、それは現実になった。

前がかりになった相手に生まれたスペースを使って奪った（原口）元気の1点目、さらに（乾）貴士のミドルシュートが決まってリードを2点に広げた瞬間、イメージどおりの展開になったことを確認して拳を握った。

「勝負はここからだ」

残り時間は十分にあった。「隙《すき》を見せればやられる」という危機感も、もちろんあった。

２－０という日本にとって有利な状況とはいえ、ベルギーには乗せれば怖い選手が揃っている。

猛反撃が始まった。アザールのクロスからのシュートは左ポストを直撃し、ルカクのニアサイドへのシュートはポストの横をすり抜けていった。

どちらも決められてもおかしくないシーンだった。でも、このふたつのピンチに失点しなかったことで、僕らは自信を深めた。

「これが入らなかったらいける。流れはまだ自分たちにある」

（吉田）麻也が、（昌子）源が、自分の目の前のギリギリのシーンで何度もクリアする。この試合の麻也ほど頼り甲斐を感じた選手はいない。

麻也とは、ずっと似たような環境で苦しみを共有し、互いに頑張ってここまで来た。センターバックとＧＫ。ともに海外でプレーしながら、ポジション柄、得点はできないし、注目されるのはほとんど失点に絡んだ時くらいのものだ。

それでも、そんな見られ方を変えたくて必死になってここまで来た。日本人のセンターバックだって、GKだって、世界でやれる。その思いを体現する麻也の姿を目の前で見て、勇気をもらった。ただ、それでも流れを変えてしまう出来事が起こってしまった。

69分、ゴール前の混戦からクリアボールがサイドへ流れる。フリーだったフェルトンゲンがヘディングで中への折り返しを狙うが、ボールはゴール逆サイドのネットギリギリ目がけて飛んでいった。クロスが入る時、GKはまずはシュートを警戒して、ファーストポストをケアする。そして、ボールや相手のポジションによってクロスにも対応できるポジショニングを取る。あの瞬間の僕は、シュートも、折り返しのボールも狙っていた。

それでも、そんな僕の予測を大きく裏切る形で折り返しのボールがシュートになり、僕の頭を越えて逆サイドのネットに吸い込まれていった。

ボールが飛んでいく方向が最初からわかっていたらどれだけ楽なんだろう。GKをやって何度もそう思うことはあったが、この時ほどそれを強く願ったことはない。

ベルギー戦後、ショックで立ち上がれない昌子源を引っ張り上げた。
©AFP／時事

僕らにとって不運なゴールは、相手にとって息を吹き返す大きなきっかけとなった。

長身のマルアン・フェライニとナセル・シャドリを同時投入してきた時は「イヤだな」と感じていたし、実際、彼らは高さのある選手を（長友）佑都にぶつけてミスマッチを作ろうとした。中でも、フェライニには脅威を感じていた。あれだけの高さと強さを誇るチームが、その強みをさらに増幅させる〝プラスワン〟の効果はやはり大きい。耐えなければならない時間に喫した失点が僕らにとってアンラッキーパンチのような形だったことで、ゲームの流れが一気に相手に傾いてしまった。

我慢の時間帯だった。耐えて、耐えて、前がかりになった相手の隙を突いてカウンターを仕掛け、3点目を奪って勝負を決める。それができれば最高だったけれど、最初の失点から5分後の74分、日本の右サイドから放り込まれたクロスを警戒していたフェライニにヘディングで押し込まれた。

スコアは2－2。残り時間は15分ほど。ゲームの流れはベルギーに傾いていた。それでも僕らは西野さんが言い続けた「強気」の姿勢を崩すことなく3点目を狙った。まずはチームを落ち着かせるために守備重視のスタンスに切り替え、延長戦とPK戦を見据えた戦いを選択する方法もあったのかもしれない。それを選択できなかった未熟さにW杯ベスト8の壁があるという意見もあるかもしれないけれど、西野さんが言い続けた「強気」こそこのチームのアイデンティティであり、グループリーグ突破に導いた原動力だった。

あれだけ経験のある選手がいたのだから、パニックに陥っていたわけじゃない。日本代表はあくまで冷静に、強気な姿勢を貫いて勝ち越しゴールを狙った。試合は2－2のまま、アディショナルタイムに突入した。

90＋4分。最後の場面。（本田）圭佑のコーナーキックをGKティボ・クルトワがキャッチし、素早くケビン・デブルイネに預けるスローからベルギーのカウンターが始まった。デブルイネが右サイドのトーマス・ムニエにパスを出した瞬間、ピッチの中央を全速力で駆け上がってくるシャドリの姿がはっきりと見えていた。ロメル・ルカクがスルーするイメージも持っていたけれど、ボールは僕の手をかすめて裏に抜け、シャドリに押し込まれて逆転を許した。

「成長」という言葉の意味

ロシアW杯での戦いを終えて、素直にこう思った。

「夢を見させてもらったな」

8年前の南アフリカW杯でも、ベスト8進出の夢は目の前にあった。でも、あの時とは何もかもが違った。具体的な言葉で表現するのは難しいけれど。

後悔を挙げればキリがない。「あの時こうしていれば」と思うことはいくつもある。でも、それを考えても意味がない。ロシアW杯のベルギー戦が自分たちに見せてくれたものは「夢」であり「未来」だ。

直後に感じたのは、2010年に南アフリカで感じた不思議な達成感でも、2014年にブラジルで感じた絶望感や虚無感でもなかった。日本サッカーの歴史を塗り替えるベスト8に到達できなかったことは悔しい。しかも、その目標は目と鼻の先にあった。何かを達成したとは思っていない。でも、確かに、僕はあの試合に日本サッカーの希望を感じたし、達成感ではなく、その先にある未来を見た。

同時に、W杯のベスト8やベスト4、まして頂点にまでたどり着くことの本当の意味、つまり「どれだけすごいことなのか」を改めて実感した瞬間でもあった。まだW杯のベスト8というステージを知らない日本が、その先にあるベスト4、あるいは優勝を本気で見据えた時に、それがどれほど偉大な挑戦であるかを知る意味は大きい。単純な「ベスト8」「ベスト4」という言葉では言い表せない壮大さを少しでも理解できたことが、日本にとっての「未来」であり「希望」であると僕は思う。この大会を通じて確信した。日本がW杯ベスト8以降の世界に足を踏み入れられる可能性は、確かにある。

ベルギー戦の後、バスの中で日本代表のチームメイトとして長く一緒にプレーしてきたマコ（長谷部誠）から「ここで代表に区切りをつけようと思ってる」と聞かされた。マコの代表引退については、なんとなく感じていた。本人には聞かなかったし、根拠もなかった。でも、なんとなく、マコの姿を見ていてそう思った。

マコがキャプテンになってから、その姿をすぐ横で見させてもらってきた。

移動のバスや飛行機はいつも隣の席だったし、年齢は1個下だけど、育成年代の代表からともに戦ってきた同年代の選手だ。心から思ったことを言える心友でもある。アイツはいつもチームがいい方向に行くように、すべてをフラットに見ているし、そこに自分の感情を入れることはない。全体を見渡した上で、グループにとって一番いい選択肢を取ろうといつも心がけていた。ただ、今回のW杯中は、それにプラスして彼自身が一生後悔しない選択をしようとしているようにも見えた。いつもと少し違う雰囲気があった。

隣でその姿を見ていると、彼自身もキャプテンとして成長してきたんだと改めて感じさせられた。

日本代表キャプテンという周りの期待を一身に受けながら、自分を律しつつ彼自身が成長する姿には、学ぶべきことがたくさんあった。彼がいなければ、チームがあの短い時間の中で、あれだけのまとまりを見せることはなかったと心から思う。

そんなマコの手助けができたかはわからないけれど、個人的には「成長」という言葉の意味について考えさせられたW杯でもあった。

8年前の自分と、いまの自分。4年前の自分と、いまの自分。時間が経過したからといって、必ずしもベターな結果が出るわけじゃない。仮に結果が出たとしても「成長した」と断言することはできないし、明確な根拠を見つけるのは難しい。

「成長」とは何か。GKである僕にとっては、1本でも多くのシュートを止める可能性を高めることが唯一の正解だと思う。そのためだけに24時間を費やし、ただひたすらに繰り返してきた結果として、少しずつでも成長することができているのかもしれない。

ただ、それが結果に表れるかどうかはまた別の話だ。そうしてコツコツ積み上げるような方法が常に正しいとは限らないし、たまたまその日の気分がハマって人生が変わるようなプレーをすることだってある。

でも、僕はそういう生き方ができる人間じゃない。毎日のトレーニングの中で、ひとつひとつのプレーにこだわる。それを続けることしか僕にはできない。そのひとつひとつが高いレベルを目指すものに繋がると信じて1日1日を過ごす。
なぜ試合に出られないのにヨーロッパにこだわるのか、なぜベルギーだったのか、なぜスコットランドなのか、なぜフランスの下位のチームなのか。そんな質問を受け続けてきた。でも、自分には自分の道筋があり、不器用でも一歩ずつ前に進んでいくことが自分にとっての「成長」の一番の近道であると信じてきた。

誰にでもできることではない。自分にしかできない。そう言い聞かせてきた。綺麗なストーリーじゃなくてもいい。不器用でも不細工でもいい。それでも自分を信じて、本当に自分がやりたいと思えること、成長したいという思いに純粋に向き合えるかどうか。それが大切だと思ってきた。

僕たち選手にとって、W杯は「4年間の成長を証明する場所」だ。
ただし、その4年間でどれだけ大きな成長を実感できたとしても、あの舞台で、瞬間的にそれを表現するのは難しい。成長に見合った結果を得られるかどうかは不確実で、むしろそれを実現できずに大会を去る選手のほうが圧倒的に多い。ただ、だからといって、「成長の証明」をあきらめるわけにはいかない。大きな目標を掲げて全力でチャレンジしなければ、表現することも、証明することも、前に進むこともできない。

きっと、そういう特別な難しさに直面するからこそ、僕たちはW杯という舞台に魅了されるのだろう。ロシアW杯では僕自身に対する批判を含めて本当にいろいろな思いを味わわせてもらったし、チームが結束して、ベスト16に進出して、最後の試合でサッカーの素晴らしさや日本サッカーの未来を感じることができた。これほど幸せなことはない。ロシアW杯は僕に心からそう感じさせてくれた。

第二章

心を養う、18の人生訓

——1日1%成長論——

1

自分にとっての正解をひたすら探し続ける

２０１７年秋のこと。僕は、自分が出場した過去の試合を何度も映像で振り返るタイプではなく、特にW杯のような心の奥に残り続けるものは、映像を見て掘り返すようなことはしない。でも、なんとなくそういう気になって、過去２大会のW杯を初めて映像で見た。

自分のプレーの完成度は２０１４年のブラジル大会より、２０１０年の南アフリカ大会のほうが圧倒的に高かった。

南アフリカW杯は、ＧＫとしてはプレーしやすかったこともある。チーム全体が守備的な戦術を徹底していたし、まずは失点しないことを何より心がけた。守備についての決めごともはっきりしていた。自分で言うのはおかしいが、ポジショニングや飛び出すタイミング、予測、状況判断において、僕は自分でも驚くプレーをしていた。

あの頃の自分はとにかく見えないものに向かって必死だった。初めてのW杯の代表に選ばれたい。海外でＧＫとしてプレーしたい。代表に選ばれてからも、一生に一回かもしれない

W杯に向かっていく上で、1秒も無駄にはしたくなかった。本来なら、FWの選手のためのトレーニングであるGKに不利なシュート練習も、1本も無駄にしたくないという気持ちで取り組んでいた。例えば1対1の練習なら、このタイミングなら前に詰める、そうでなければどの距離でポジショニングを取るかにこだわる。そんな具合に、自分のプレーの細部について究極を求めていた。結局のところ、そういうことの積み重ねでしかうまくならないのだと僕は思う。

決勝トーナメント1回戦のパラグアイ戦で大きなピンチがいくつもあったことは、いまでもよく覚えている。映像で確認してみると、ポジショニングも構えるタイミングも飛び出すタイミングも完璧。本当に絶妙だった。

自分の姿を客観的に見て、改めて思った。

「俺、過信してるんじゃないか？」

「自分がうまくなっている、成長していると思い込んでいないか？」

その疑問は、いまの自分を形成する上ですごく大きな部分を担っていると思う。

W杯で対峙するのは〝世界〟だ。

確かに、その感覚は日本でプレーしているだけでは体感できない。単純なパワーやスピードはケタ違いで、GKとしての対処法や方法論は日本でプレーしている頃とは大きく異なる。だからこそ、日常的に〝世界〟と向き合うことでつかめる感覚も確かにある。

ただ、「日常的に海外でプレーすることがW杯で世界に勝つための大きなヒントになるか？」と聞かれれば、イエスであり、ノーでもあるといまの僕は思う。

ベルギーでも、スコットランドでも、フランスでも、自分の成長においてプラスに働いたことはいくつもある。海外だからこそ成長できたと実感できる部分も間違いなくある。

しかしJリーグに所属していて〝世界を知らなかった自分〟、つまり南アフリカW杯時の自分のプレーは、いまの自分が見ても完璧と思える内容だった。

つまり、大切なのは「自分自身が何を目指しているのか」に尽きる。

どのレベルを目指していて、それに対してどれほどの覚悟を持てているか。成長するためのヒントが海外にたくさんあることは間違いないけれど、それを自分のものにできるかどうかは自分次第だ。どの国で、どのクラブで、どの大会でプレーしているかという表面的なことだけでは何も測れない。南アフリカW杯以降の8年間を振り返りながら〝8年前の自分〟を見て、改めてそう感じた。

俺は、何を目指しているのか。

この8年間、ずっとそのことばかり考えてきた。

GKには、先天的にGKとしてのポテンシャルを持っているタイプの選手と、後天的にGKとしての能力を身につけていくタイプの選手がいる。

単純な話、教わらなくてもGKにとって必要な要素を生まれつきの性格や体格で補えてしまう選手もいれば、背が小さいことや、浮き沈みの激しい性格、背は高いがフィジカル的に非常に弱いといったコンプレックスを克服しながら、優れたGKになっていく選手もいる。

だから、自分自身が持っているポテンシャルと、そうでないものを正しく高める方法を身につけることで、後天的にもGKとしての能力を高められると僕は思っている。

ロシアW杯で活躍したベルギー代表のGK、ティボ・クルトワを初めて見た時の衝撃は忘れられない。対戦したのは僕が27歳で彼が18歳の時。リールセの一員として対戦したヘンクのGKは、18歳にして、当時の僕がそれまでにコツコツと積み上げてきたことをすべて本能的に理解していると思える選手だった。

シュートに対してギリギリまで動かないあの雰囲気は、「動かなければなんとかなる」と思っているか、「動かなければ止められる」と本能的に確信しているか、そのどちらか。ああいう選手は、頭で考えなくても身体が正しいリアクションを起こせるのだと思う。18歳という年齢で簡単に出せる雰囲気じゃない。それは同じGKが見ていればすぐにわかることだから、あまりにも衝撃的で、とんでもない選手がいると感じたことをよく覚えている。

もちろん、自分には彼のような先天性のポテンシャルはない。

後天的にコツコツと経験を積み重ねていくしかない自分は、ああいう選手を見るとうらやましくもなる。もちろん、サッカーは単純じゃないから、それだけで勝ち負けが決まるわけではないけれど。

ほかの選手がどう見ているか、どう考えているかはわからない。ただ、「GKのどこを見るか」については僕なりの視点がある。これはたぶん、努力をコツコツと積み上げてきた後天的ポテンシャルのGKならではの持論かもしれない。

相手のシュートの瞬間にどうやって構えるか。どういうポジショニングを取っているか。自分がセーブしやすいと思って主体的にそのポジショニングを取っているのか、それとも、相手の考えを読んで受動的にそのポジショニングを取っているのか。ボールをキャッチしたら、どこにどういうボールを投げるのか。どんなイメージを持ってそのパスを繋いでいるのか。細かいことだけど、そういう部分が違うだけでプレースタイルは大きく異なる。

万人に共通する正解はない。GKによって「ベスト」は異なるから、自分にとっての正解をひたすら探すことが技術的な目標になる。

何より重要なのは、それをどのレベルで発揮しようとするのかということだ。海外で戦えるレベルなのか、それとも5大リーグで戦えるレベルなのか。もちろん、5大リーグといっても、それをレベル別にもっと細分化することもできる。

僕は、細部にこだわり、どうすればより良いGKになれるのかコツコツと経験を積み重ねてきたからこそ、他者からの評価ではなく、自分自身ではっきりとした指針を設定することが大切だと思う。そして、〝自分にとっての正解〟を追い求め続ける。これまでも、これからも、その繰り返しだ。

そういう意味では、ヨーロッパのサッカー文化に救われた。

ヨーロッパではGKに対する〝フェアな評価〟が定着していて、たとえチームが負けたとしても、GKがしっかりとプレーすればそれだけの評価がされる。日本には、そのチームの結果とGKのパフォーマンスをしっかり分けて評価するということはあまりないが、ヨーロッパではそれが普通の感覚だ。

重視されるのは「GKとして何ができるか」で、サポーターのリアクションもその判断基準に基づいている。どんなに低迷しているチームのＧＫでも、難しいシュートを止めれば「素晴らしいＧＫだ」とその試合で高い評価を得ることができる。ベルギーで最初に所属したリールセは負ける試合のほうが多いチームだったからこそ、僕にとってはヨーロッパにあるそうした文化が、とても大きな心の支えになっていた。

忘れられないのは、リールセ1年目の２０１０年11月。あれは、僕自身がのちに移籍することになるスタンダール・リエージュ戦だった。

自分でも「途方もない」と思える数のシュートを止めたこの試合で、それでもチームは０－7で大敗した。何点取られるかわからないくらいの差を感じて、人生で初めて、開始15分で「この試合、とにかく早く終わってくれ」と思った。

ただ、試合後、スタンダールの監督が言ってくれた。

「マン・オブ・ザ・マッチはリールセのＧＫだ」

最終的に、チームは1部残留することができた。そして、僕はそのシーズンのチームＭＶＰに選出された。本当に嬉しかった。

目標を明確にすることの大切さは、海外でプレーするようになってからより強く感じるようになった。

南アフリカW杯が終わった2010年夏、僕はベルギーに渡った。リールセSKで2年、スタンダール・リエージュで3年。計5年間、この国は僕にとっての戦場だった。特にスタンダールでは、「俺は何を目指しているのか」という問いをいつも自分に投げかけていた。

スタンダール1年目の2012－13シーズンは、チームとしての出来があまり良くなかった。この年からチームの指揮を執ったのは、サンフレッチェ広島で監督を務めたこともあるロン・ヤンス。だけど結果を出せずに10月に解任され、結局、リーグ戦は6位に終わった。シーズン終了後にまた監督が替わり、イスラエル人のガイ・ルゾンが新監督に就任した。


ちなみに1年目のGKコーチはまともにボールを蹴れない人で、練習のボールは、〝生きていない〟投げたボールばかりだった。サッカーに詳しい人なら知っていると思うが、スタンダール・リエージュはベルギー国内では屈指の名門だ。チャンピオンになることを義務付けられ、かつてはチャンピオンズリーグやUEFAカップ（現ヨーロッパリーグ）の常連でもあった。そういうチームに来て、ボールを蹴れないGKコーチがいることに少なからず驚いた。リールセの時もそうだったけれど、当たり前のことが当たり前ではなく、チームの体制によっても本当にいろいろなことが起こる。

ルゾン監督には、本当に申し訳ないことをしたと思う。

スタンダールでの2年目、オフの期間から「GKを補強する」と言われていて、1年目の僕のパフォーマンスに満足していなかったフロントは新戦力の獲得に動いていた。ルゾン監督も、最初は僕の実力に疑いの目を向けていた。6月にブラジルで開催されたコンフェデレーションズカップでの僕のプレーを見て、「やっぱりGKを獲得したほうがいい」と言っていたらしい。

手を差しのべてくれたのは、この年からやって来たGKコーチだった。彼は練習で実際に僕のプレーを見て、「新戦力を獲得する必要はない」と監督に助言してくれた。監督も、その言葉を信じて少しずつ僕を信頼してくれた。当時、GKコーチは僕にこう言った。

「昨シーズンのパフォーマンスを見て、クラブが新しいGKを取ろうとするのはうなずける。でも、実際に練習を見れば、お前がすごく真面目で、とてもいいプレーをしていることがわかる。その姿勢を続けてほしい」

もちろん、その間にも試合はあって、チームは勝ち続けていたし、僕自身も活躍することができた。結局、フランスのトロワでプレーしていたGKを獲得することになったにもかかわらず、ルゾン監督は僕に信頼を寄せ、使い続けてくれた。

そのシーズンは開幕から13連勝。結局、ほとんどの試合に出させてもらった。それなのに、翌2014－15シーズンはチームとしてもうまくいかず、監督の解任に繋がってしまった。その年の自分のプレーは、チームを救うには十分ではなかった。

原因はわかっていた。自分の中で、GKとしての考え方や目指すべきプレーがはっきりと定まっていなかったのだ。

レベルの高いGKがどういうものなのか。ベルギー国内では優勝争いを義務づけられたスタンダールのGKとして、自分がどういうプレーをするべきなのか。それがわかっていなかった。だからプレースタイルが定まらず、耐えて、耐えて、苦しみながら歯を食いしばって耐えるしかなかった。

地に足を着けて成長しなければならない。僕はいつもそう思っている。でも、あの時は地盤がゆるゆるで、いつも足元がフラフラしていた。自分がやっていること、自分のプレーに対してあそこまで把握できないという状況は、あの時期以外には後にも先にもない。

そもそも人間は、目標を持って、そこに向かう意志がなければ前に進めないと僕は思う。

あれは2015年9月のこと。移籍するつもりでスタンダール・リエージュを退団したのに、夏の移籍マーケットが閉じても移籍先が決まらなかった。いわゆる〝浪人〟となった僕はベルギーに戻り、引き続き移籍先を探していた。

そんなある日、当時オランダでプレーしていたハーフナー・マイク（現ベガルタ仙台）が連絡をくれた。所属していたデンハーグのGKコーチはかつてJリーグでプレーしていたアルノ・ヴァンズワムで、マイクは「彼に言えば練習させてもらえるはず」と教えてくれた。ヴァンズワムに連絡してみると「来い」と言ってくれたので、ホテルを予約して車で2時間半かけてデンハーグに向かった。

おそらく、僕の知らないところでクラブが「NG」の判断をしたのだと思う。僕はチーム練習に参加させてもらう気満々で足を運んだのだけれど、結局、ヴァンズワムとマンツーマンで練習することしかできなかった。しかも、ホテルは2泊で予約していたのに、たったの1日だけ。もちろん、当時の僕にとってはそれだけでもありがたいことだったけれど。

ところが、久しぶりの本格的なGK練習で、身体がまったく動かなかった。ホントにもう、ただ精神的に打ちのめされて帰ってきただけだった。なんだか悲しい気分になってしまった帰り道、僕は高速道路を走りながらこんなことを考えていた。

自分は追い越し車線を走っている。後ろからスピードの速い車が来ることに気づいて、走行車線に移って道を譲《ゆず》った。今日一日の情けない自分に、思わず苦笑いを浮かべながら。

「俺、何をしにオランダまで来たんだろう」

走行車線を走っていると、たくさんの車に追い抜かれる。

僕も前を走っている車が遅いと感じたら追い越し車線に移り、また走行車線に戻って別の車に追い抜かれる。追い抜かれるたびに「急いでいるんだろうな」と思ったり、追い抜くたびに「ずいぶんゆっくり走る人もいるもんだな」とつぶやいたり。そのうち、「どうして車は走るんだろう」と考え始めた。


よく「ガソリンがなければ走れない」と言うけれど、同じくらい根本的なことがある。

人間がアクセルを踏まなければ車は動かないし、人間が右に行こうと思うから車は右に向く。人間が速く走らせようとするから車は速く走る。速く走ることも、ゆっくり走ることも、右に行くことも左に行くことも、すべて車の意志ではなく、人間の意志に左右される。

「世の中、すべてそうなんだ」

車を運転しながらふと湧いた疑問は、そんな結論にたどり着いた。つまり、この瞬間、自分がベルギーにいる理由は〝自分〟にしかない。

もちろん、〝いま〟に限定された話じゃない。自分が何を考えているか、どんな意志を持っているかで、〝未来〟に起こることは間違いなく変わる。

それだ。それしかない。自分が本当にやりたいこと、自分なりの成功のイメージをはっきり持って進んでいけば、なりたい自分になれる。

オランダからベルギーへの2時間半の道のりを運転しながら、僕はそんなことを考えていた。直面している〝浪人生活〟という現実は厳しいものだったけれど、頭の中がクリアになったことで、少しだけ気が楽になった。どんな状況に立たされていても、はっきりとした自分の意志を持って、前へ、前へと進むだけだ。

2

隙なく準備し続けることでひとつのチャンスをモノにする

人生には、いくつかの区切りがある。ポジティブなターニングポイントと振り返ることができる節目には、いつだって、目の前に転がってきたチャンスをつかみ取ってきたという結果がある。チャンスをつかみ取る前、僕は必ずといっていいほど試練に直面してきた。チャンスをつかむためには、チャンスをつかむだけの準備が必要だ。


若い頃は、ひとつしかないGKというポジションの難しさを痛感していた。僕はどうしても、「経験がないから」という理由で試合に出られないことが納得できなかった。

「試合に出られないのに、どうやって経験を積めばいいんだ」

若いGKのほとんどは、同じような感情を持ったことがあるに違いない。

でも、若い頃の僕は、〝仕方ない〟で済ますことはできなかった。たった1日で何かが変わるわけじゃない。ストライカーのようにゴールを決めれば評価されて、その日を境《さかい》に使われるということはほとんどない。なのに、どうすれば試合に出られるんだ。

高校を出て、大宮アルディージャに入って2年目のこと。監督が替わり、まったく試合に絡めなかった1年目と違ったシーズンにするぞと意気込んでいた矢先、新しい監督が僕に言った言葉をいまでも覚えている。

「お前はユース代表の合宿でよくいなくなるから、正GKとしては考えられない」

所属チームの試合に出ることは何よりも優先だった。当時のユース代表でもフィールドの選手はトップチームで少しずつ出番を得ている。呼ばれてユース代表に行くのは当たり前のことだし、ユース代表では世界と戦える数少ないチャンスがある。でも、それが原因でチームでは戦力として扱ってもらえない。自分ではどうにもならない状況に直面して、ずっとそんな葛藤《かっとう》を抱えていた。

日本代表に呼ばれるようになってからも、同じような状況に直面した。

初めて選ばれたのは、2006年2月のこと。代表候補選手を集めた合宿だった。デビュー戦は2年後の2008年2月、東アジア選手権の北朝鮮戦。ただ、その後、出場機会がめぐってくることはほとんどなかった。

ベンチから試合を見ていた僕は、「なんで呼ばれても試合に出してくれないんだ」「もっとチャンスをくれてもいいのに」と心の中で憤《いきどお》っていた。その感情がピークに達したのは、2

009年2月、南アフリカW杯アジア最終予選のオーストラリア戦。ナラさん（楢崎正剛《せいごう》）と（川口）能活《よしかつ》さんがケガをしてしまったことで、僕は「ついに出番が回ってくるかもしれない」と心のどこかで期待していた。でも、その試合で岡田（武史／監督）さんが起用したのは、5年ぶりに代表復帰した都築龍太さんだった。

あの時は、本当にへコんだ。

急に熱が出て寝込んでしまうくらいにショックだった。

それまで目指していた目標に届かず、この先どうあるべきか、どう進んでいくべきか、目標を見失ってしまった。行き先が見えない状況に直面して、この時の僕は完全にモチベーションを失ってしまった。

当時、岡田さんがなぜそういう選択をしたのかは、経験を積み、チーム全体のことを考えられるようになったいまなら理解できる。でも、当時はまったく理解できなかったし、自分の中でうまく消化できなかった。

1年3カ月後の2010年5月30日。南アフリカW杯を直前に控えたイングランドとの親善試合で、僕はピッチに立った。突然のスタメンだった。

岡田さんからは、練習中には特に何も言われなかった。試合前日にホテルで部屋に呼ばれて、セットプレーの際にマンツーマンで守るかゾーンで守るかについて「どっちがいいと思うか」と意見を聞かれただけだ。「お前が試合に出る」とはっきり言われたわけではなかったから、予想することはできなかったし、とにかく最後まで、しっかりと準備することしか考えていなかった。ただ、最後の最後に急きょ組まれたジンバブエとの練習試合でスタメンでピッチに立つことがあれば、「本番もあるかもしれない」と思っていた。

初めて経験するW杯は想像を絶していた。耳をつんざくようなブブゼラの音がスタジアムを包み、声はほとんど通らなかった。それまで経験したどんな試合ともまったくの別モノだった。自分を保つのに必死だったし、気持ちの高ぶりを抑えることで精いっぱいだった。

自分がW杯の舞台に立ち、ゴールマウスを守ってみて強く感じたことがある。
日本代表のゴールマウスを守ることは決して簡単じゃない。それを感じたからこそ、能活さんとナラさんに対する尊敬の念は強くなるばかりだった。

2009年、オーストラリア戦のピッチに立てなかった時は、本当に悔しかった。でも、あの経験があったからこそ、イングランド戦で使われた時は吹っ切れた状態でピッチに立つことができた。日本代表のゴールマウスに立ち続けることの意味は言葉では語れない。自分がそれにふさわしい選手であることを証明し続けなければならない。誰もが納得できるパフォーマンスを見せ続けなければいけない。

GKの葛藤は、若い時も、ベテランになっても形を変えて続くものだ。メンタルが強いとか弱いとか、そんなことを言う前に目の前の現実と向き合い、戦い続けなければならない。

それでも、限られたチャンスをつかむことができれば、それが大きなターニングポイントになる。僕にとっては、南アフリカW杯がそう。もしあれがなければ、海外に出てどこまでやれたかわからないし、日本代表としてその先のキャリアがあったかどうかもわからない。

南アフリカW杯終了後、僕はベルギーに渡った。ヨーロッパに渡って強く感じたのは、こっちではそういう変化が日常的に起こるということだ。レギュラーはたった1試合で簡単に入れ替わる。GKならなおさら、ポジティブな意味でも、ネガティブな意味でも、そういう場面に遭遇《そうぐう》する機会が多い。たとえ大きなミスをしていなくても、GKを代えればチームの雰囲気は変わる。負けが続いている状況なら、GKを代えるだけでチーム全体をリフレッシュすることができる。そういう効果を期待できるからこそ、ヨーロッパではなんの前触れもなく、GKがポジションを失うリスクも、逆にポジションを奪うチャンスもある。日本ではあまりないことかもしれないけれど、向こうでは、それが当たり前だった。

だからこそ、めぐってきたチャンスを逃すわけにはいかない。そのチャンスを手繰《たぐ》り寄せるためには日頃の努力の積み重ねが必要で、一発で仕留めるために準備を怠ることはできない。

チャンスをモノにして、それをポジティブなターニングポイントに変えることができるか。それは、プロの世界で生き残っていくためにも、ヨーロッパのサッカー界で自分の価値を高めていくためにもとても大切なことだ。

3

自分の気持ちに素直に従う

僕が海外でプレーしたいと思った理由は、まずは単純に、「日本人ＧＫでもヨーロッパでやれることを証明したい」と考えていたことにある。つまり、当時の僕にとって海外に挑戦することは、日本代表の正ＧＫになるための第一歩でもあった。

大宮アルディージャに加入したプロ1年目の夏、僕はイタリアに留学した。それ以降何度も短期でイタリアに留学して練習参加する中で、「通用するんじゃないか」という感覚を持つことができた。

だから「日本人のＧＫはレベルが低い」と口を揃えて言われることに違和感を覚えていた。

日本人のＧＫはレベルが低い？　そうじゃないことを証明したかった。そのまま日本にいて同じことを言われ続けることが嫌だった。自分が海外、ヨーロッパへ行って、日本人のＧＫだってそのレベルでやれるんだということを証明したかった。「自分が行くしかない」とさえ思っていた。

18歳でイタリアに留学した時はパルマのユースチームでプレーさせてもらった。留学が終わるとすぐ、パルマから正式なオファーをもらったけれど、結局当時の所属チームは僕を行かせてはくれなかった。

いまでこそ、これだけ若い日本人の選手が海外へ出て挑戦し、活躍している。でも、当時は「日本で結果を残してから行くべき」という認識のほうが強かった。日本で結果を出すということは、日本代表の正GKになることとほぼイコールの関係にある。それを待っている時間は当時18歳の僕にはなかった。

もともとチャレンジをためらうタイプじゃない。自分がやりたいと強く思うなら、その気持ちに対して素直に行動すればいい。

プロになって4年目、大宮アルディージャから名古屋グランパスへの移籍を選択したのも、その時の日本一のGKがどれくらいのレベルなのかを知りたかったからだ。当時の名古屋グランパスにはナラさんがいた。サッカーファンなら誰もが知っている、日本代表の絶対的な守護神だった。

移籍してすぐ試合に出られないことは自分でもわかっていたけれど、日本一のＧＫの隣で練習してそのレベルを体感すれば、とてつもなく大きなものを学べると考えていた。自分が日本一のＧＫを目指そうとしているのだから、その時の日本一のＧＫを知らないわけにはいかない。目標を明確にするためにも、迷いはなかった。

移籍を決断したことだけではなく、語学を本気で勉強し始めたことも同じようなモチベーションに由来する。海外移籍を経験した能活さんが「言葉を覚えることは絶対に必要」と言っているのだから、その教訓を生かさない手はない。

目の前に正解があって、それを学ぶチャンスがあるなら学ぶべきだ。挑戦したいことがあるなら、挑戦すべきだ。人生なんて、１回しかないのだから。

海外移籍を決断した当時の僕は、27歳。その後のキャリアを考えた時に、イタリア留学を経験しただけで「日本と海外はこう違う」と言い続ける自分にはなりたくなかった。

日本にいれば、その先の道はある程度は見えていたと思う。いろいろなことがうまくいく前提で考えれば、いずれ日本代表で試合に出るようなＧＫになって、Ｊリーグでベストイレブンに選出されるようなＧＫになれるかもしれない。そうなれば、たぶん給料も順調に上がって、なんの不満もないプロ生活を送れたかもしれない。

選択肢は２つ。

いま乗っているレールに沿って進んでいく自分と、道なき道にレールを作っていく自分。

その二択なら、もう、行くしかない。

見えない道を進む不安を感じながら、チャレンジしたいという心からの気持ちに僕は素直に従った。

4

成長を定義する指針を持つ

名古屋グランパス時代にチームメイトとして身近に見させてもらった僕の意見として、ナラさんの技術の高さはハンパじゃない。

まず、ナラさんのプレーは何をやってもまったくブレない。セービングの仕方や身体の倒し方、ステップを踏む位置。当時はよく映像で見て研究した。でも、絶対に真似することはできなかった。自分のプレーを映像で確認すると、何もかもがブレブレだった。セービングに対する一連の動きだけではなく、ボールを蹴ることもそう。どうやったらこんなにパーフェクトな動きやプレーができるのだろうと、ナラさんを見ながらそう感じていた。

２０１７年、僕は日本代表での出場試合数で、ナラさんの「77」という記録を抜いた。その頃になってやっと、自分がやろうと思っているプレーをちゃんとできるようになってきたと思えた。21歳の時、とんでもない衝撃を受けたナラさんの姿に少しだけ近づけた気がした。

僕はラッキーだった。よく「若い頃の苦労は買ってでもしろ」と言うけれど、本当にそのとおりだ。ナラさんには、本当にたくさん勉強させてもらった。

ライバル心がなかったわけじゃない。というより、強いライバル心を持っていた。ナラさんを超えなければ試合には出られないし、それこそ日本代表に入ることなんてあり得ない。だから、ギラギラして血気盛んだった名古屋グランパス時代の僕は、ナラさんを超えることしか考えていなかった。いまになって思えば、そんな僕をいろいろな面で支えてくれた当時のGKコーチの芦川さんはものすごく大変だったかもしれない。

ナラさんは、そんな自分をよく食事に連れて行ってくれた。ひとりの後輩としてだけでなく、ポジションを争うライバルとしてもしっかりと受け入れてくれた。やっぱり、器が大きいなと改めて思う。そういう器の大きい男に僕もいつか近づきたい。

日本代表の正GKのポジションは、僕が子どもの頃からずっとナラさんと能活さんのものだった。僕は2人と入れ替わる形で、南アフリカW杯のピッチに立った。あの時、日本代表の正GKになること、そのポジションでプレーすることの難しさを痛感して、改めて2人の先輩の偉大さを知った。

2006年に初めて日本代表に選ばれてからずっと、悶々《もんもん》とした日々を過ごしていた。2008年の東アジア選手権で初めてピッチに立ち、代表チームにおけるピッチの外で感じるプレッシャーと、ピッチの中で感じるプレッシャーの違いを強烈に感じた。あの試合を経験して、改めて思った。ナラさんや能活さんが、いかにハイレベルなＧＫなのか。自分にとってどれだけ偉大な存在なのか。

eijikawashima01
takashi.08さん、他20,685人が「いいね！」しました
eijikawashima01 オフの想い出 偉大な先輩を超えてもはや師匠。会えて良かった。この人には一生追いつけないな memory in vacation with my master
#seigonarazaki#legend#goalkeeper#楢崎正剛#このオフ一番会いたかった人
公式インスタグラムより。

W杯になれば、東アジア選手権とは比にならないとんでもないプレッシャーにさらされる。しかも2人は、それを競争しながら乗り越えてきた。それは本当に、ものすごいことだと思う。

それぞれにこだわりがあるから、GKとしてのスタイルは大きく異なる。構え方やタイミングの取り方、キャッチングやパンチングといったセービングの方法もまったく違う。もちろん、どちらが優れているということじゃない。GKにとっての正解はそれぞれだから、僕にとっては〝2つの正解〟を近くでずっと見ることができたことが大きかった。

能活さんに対しても、やはり特別な思いがある。

大先輩に対して少し失礼な言い方になってしまうかもしれないけれど、たぶん、能活さんはそれほど器用なタイプじゃない。能活さんは自分でもそのことをよくわかっていて、だからこそサッカーにすべてのエネルギーを注ぎ込めたのではないかと思う。他の何かに邪魔されることなく、自分のパッションだけを頼りに真っ直ぐ前に進める人。だからこそ見る人の心に残るのだと思うし、そういう強さを感じて、素直に「あの背中を追いかけたい」と思わせてもらえた。

もしかしたら、ナラさんと能活さんは、僕にとってはずっと超えられない壁なのかもしれない。２０１０年の南アフリカW杯を経験して２人がそれまで背負ってきたものの大きさをイヤというほど感じたからこそ、あの２人の偉大さはいつも心の中にある。

同じＧＫだけじゃない。

（中澤）佑二さんのことを思うと、きっとあの頃と変わらず、朝早く起きて、愛犬の散歩に行って、晩ごはんを外食で済ませる時は必ず17時に食べて……。そうして毎日、同じルーティーンで生活している姿を簡単に想像できる。

（中村）憲剛さんもそう。彼のことは大学時代から知っているけれど、当時からサッカーはめちゃくちゃうまかった。でも、いつか挑戦したいと思っていた海外移籍をすることはできず、ブラジルW杯に出場する目標も実現しなかった。それでも、川崎フロンターレに持っているすべてを注ぎ込み、強いこだわりを持ち続けながら36歳にしてＪリーグのＭＶＰに選ばれた。それは、「ＭＶＰを受賞したい」と思っていたから実現したわけではなく、単純に強いこだわりを貫き通した結果だと思う。

２０１７年の川崎フロンターレのＪリーグ優勝は、ＯＢのひとりとして最高に嬉しかった。僕は取れそうで取れなかった時代の選手だけど、あのタイトルは、自分も含めてこれまでクラブにかかわったすべての人が喜んだに違いない。優勝を知った瞬間、何も成し遂げられなかった自分でさえも、その一部を担えた気がして自分のことのように嬉しかった。憲剛さんが貫き通し、成し遂げた初タイトル。そしていつになっても人を魅了するプレーは、僕にとっての大きな刺激だ。憲剛さんには、最後まで本気で日本代表を、ロシアW杯への出場を目指してほしいと思っていた。あの人には、間違いなくそれだけの能力がある。

サッカー選手としての成功の定義はいろいろある。たくさんのお金を稼ぐことかもしれないし、社会的地位や名誉を築くことかもしれない。人それぞれの価値観があるから、成功の定義はひとつじゃない。

僕は、こういう先輩たちこそ本当の成功者だと思う。環境や周囲の考え方に左右されず、自分のこだわりを貫き通してサッカーに人生を懸ける。自分のすべてを注ぎ込む。医療や科学の進歩でサッカー選手の寿命はどんどん伸びているけれど、やっぱり、長く続けている人ほど自分のプレーに対してものすごく強いこだわりを持ち続けている気がする。

僕はそういうスタイルが好きだ。なぜなら、そのプレーの裏に、ひとりの選手、そしてひとりの人間としての生き様を垣間見ることができるからだと思う。だからこそ、僕自身もそういう選手でありたいと強く思う。ナラさんと能活さんは、間違いなく、僕にとって「成長」を定義する指針だった。

5

人は変えられない。だから、まずは自分が変わる

年齢を重ねれば重ねるほど、世の中には、自分と違う考え方や生き方をする人がたくさんいることを実感する。

海外に出てから、ベルギー、スコットランド、そしてフランスで生活をしてみて、現地の人たちと触れ合ってみるとなおさらそれを感じる。同じ考え方や生き方をする人なんていないし、フランスに来てからは、自分の意見がしっかりしていないとパーソナリティがないとさえ思われてしまう。

だからこそ、人それぞれの世の中で誰かと一緒に何かをすること、コミュニケーションを取ること、ひとつの目標を目指すことの難しさや面白さを味わうことができるのだろう。

人は人とぶつかり合うから面白い。その時の自分と違う意見や考え方にぶつかり合った時に、どういう考え方をするのか。そんなところにもその人の生き方が表れるのではないかと思う。

ベルギーに渡った2010年、ひとりのサッカー選手としてはようやく望んでいた新しい環境でプレーすることになったけれど、その環境を楽しんでいたというより、とにかく必死だった。チームは残留ラインぎりぎりを行ったり来たりして、なかなか結果を出すことができず、僕自身いつも苦しかった。

原因はパフォーマンスや試合結果だけでなく、日本とヨーロッパにおけるサッカー文化の違いにあった。海を渡る前からコミュニケーションの重要性は自分なりに理解していたつもりだ。だから語学も必死に勉強して行った。それなのに、いざ海外へ出ると、GKとして相手に伝わるような言語で指示を出しても、サッカー観が違うから耳を傾けてもらえない。何度チャレンジしても、叫んでも、指示どおりに動いてもらえない。そんな時間がしばらく続いた。

初めての海外挑戦に戸惑いを隠せなかったあの頃、追い打ちをかける出来事もあった。2011年1月。日本代表として戦い、優勝したアジアカップは僕にとって決して良い思い出だけではなかった。

あの時、チームは大会を通して成長して、結果としてタイトルを勝ち取った。(香川)真司がケガで離脱するなどのアクシデントを乗り越えて、優勝までたどり着いた。

ただ、ポジティブな結果とは裏腹に、自分にとっては厳しい大会だった。

グループリーグ・シリア戦の退場処分は表面的な事象で、実際のところピッチに立っていても何もかもがうまくいかなかった。そういう時はとにかく気持ちで戦うしかない。アジアカップの舞台で、僕は相手でなく、自分自身と戦っていた。

所属クラブのリールセでは半シーズンを過ごしてわずか2、3勝しかできずに苦しんでいた時期だったけれど、日本代表へ行けば、また自信を持って戦えると思っていた。でもヨーロッパ仕様にアジャストし始めていた僕の感覚は、日本代表にフィットしていなかったし、どうフィットさせていけばいいのかわからなかった。

そうして自分の中に生まれた混乱によって、どんどん深みにはまっていった。

あの頃の僕は、精神的にもかなり厳しい時期を過ごしていた。リールセでも、日本代表でも、何をやってもうまくいかない。メンタルが落ちて、誰とも連絡を取らずに部屋に引きこもっていた。


試行錯誤を繰り返す日々の中で、ある結論に達した。

自分以外の誰かのサッカー観を変えることはできない。だから自分が変わっていくしかない。まずは相手の考え方を受け入れて、自分をアジャストさせる。自分の感覚で「当たり前」と感じるプレーがベルギーで理解されないのなら、こちらの考えを変えていくしかない。そこに自分らしさを上乗せして、新たな正解を導き出す。

環境が変われば、正解は変わる。だからまず、その環境における正解を自分で探し出し、自分を変えて、新しい自分を創り出していくことだ。

本当の意味でそれができるようになってからは、目の前で起こる状況が一変した。ようやく自分の感覚でプレーできていると感じられるようになったのは、ベルギーに渡って半年以上が経過した後のことだ。

6

違和感を受け入れる勇気を持つ

人ではなく自分を変えることは、つまり自分ではない誰か、もしくは何か他のものの価値観を受け入れることから始まる。

ベルギーに渡って最初に所属したリールセは、小さな町にある小さなクラブだった。生活環境が変わるだけで大変だと感じることは多い。着いたばかりの頃は、レストランのオランダ語で書いてあるメニューが読めず、毎日同じメニューを頼んでいた。サッカーについてももちろん同じ。クラブハウスはとても小さく、練習環境もすべてが整っているわけではない。何しろ毎日の練習前には自分たちでボールに空気を入れなければならないのだから、そういう意味ではＪリーグのクラブのほうが環境はいい。

最初の練習でＧＫコーチがいないことに気づいた僕は「ＧＫコーチはなんでいないの？」とチームメイトに聞いた。「ＧＫコーチは午後の練習しか来ないよ」。そんな答えを初日の練習が始まる前に聞いて衝撃を受けたことがいまではなつかしい。

ＧＫにとって、ＧＫコーチの存在は非常に大きい。

その時に自分がトライしたいことを相談しながら、明確な意図を持ったトレーニングを組み込んでもらう。そして、１年という長いシーズンの大枠においては、試合から逆算して曜日ごとにコンディションを作っていくことを一番近くで考えてくれる。


リールセの時はＧＫコーチがいない時間があったことで、自分で練習中のメニューを組まなければならないことも多かった。

その時間はＧＫとしての考えを確立する時間にはなったが、トレーニングにどれだけ集中して臨めるかは僕にとってとても大切なことだ。

ＧＫとしての明確な哲学、指導に対する熱意。それを伝え、共有するＧＫコーチはＧＫを近くで支えてくれる一番の理解者だと思う。


自分が望んだ環境に飛び込んで、ワクワクする気持ちもあった。でも、規模の小さなクラブは１部残留を成し遂げることを目標としていたから、毎週末のリーグ戦で簡単に勝てるような試合はひとつもなかった。そういう状況で〝助っ人〟として結果を出さなければならなかったからこそ、「ここで本当に大丈夫かな」という不安は最初のうちは小さくなかった。

プレーすること自体も、最初はまったくうまくいかなかった。

当時、日本人GKが海外でプレーすることについては、コミュニケーションをうまく取れないことが課題とされていた。でも、実際にプレーしてみることで感じた問題はそれだけじゃなかった。言葉では簡単に表現できない何かがある。そう感じていた。

周りの人からは、何度もこう聞かれた。「コミュニケーションが取れていないからチームに溶け込めないんじゃないか」と。確かに多少の障害はあったかもしれないけれど、それ以上に大きい問題があった。GKとして、どのようにしてヨーロッパのサッカーに馴染《なじ》むか。それが、最初の数カ月間に直面した大きなテーマだった。

日本のサッカーには守り方の〝常識〟がある。例えば、シュートしようとしている相手に対してDFがどっちのコースを切るか。この角度なら右を切る、その距離なら左を切るという具合に、ある程度の守り方が決まっている。でも、ベルギーではそういう常識が一切通じなかった。

日本の守備は、コースを切るDFとシュートを止めるGKの連係で対応する。一方、ベルギーを含めたヨーロッパでは、あらゆる局面でより個での対応力が求められる。「人に強い」「インターセプトがうまい」と評価される選手がいるということは、そうした評価がより個に向けられているということだ。

日本では、DFが常識的に切るべきコースを切らなければ、たとえシュートを決められても「GKのせいじゃない」と胸を張って言える。DFもそのことをよくわかっているけれど、ヨーロッパでは同じ状況でもゴールを決められれば「俺のせいじゃない」では済まされない。だから散々、失点の責任をGKである自分に向けられた。日本だったら絶対にGKの責任を問われないような場面でも、失点すればすべてGKの責任だった。自分の持ち場で結果を出せなければ、それがすべて跳ね返ってくる。サッカー文化、サッカーに対する考え方や理解の違いを受け入れるのはかなり難しく、メンタルを適応させることに苦労した。

どちらがいいという問題じゃない。ただ、〝評価の基準〟のあまりにも大きな違いに直面して、海外での新しいキャリアを始めたばかりの僕はただ戸惑うしかなかった。

川口能活さんがヨーロッパに挑戦した時、周りから指摘されたのはコミュニケーションの問題ばかりだった。本人もそのことを口にしていたからこそ、ベルギーに行く前の僕はコミユニケーションさえ取れればある程度は通用すると思っていた。でも、能活さんがぶつかった壁が言葉だけじゃなかったことを、ベルギーに行ってみて初めて知った。

感覚のズレを少しずつ受け入れ始めたのは、チームに加入して3カ月が過ぎた頃だった。2010年10月、日本代表として臨んだアルゼンチンとの親善試合で、僕は内転筋にケガを負い、チームに戻ってからも1カ月ほど試合に出られない日が続いた。そのおかげで、ピッチの外から冷静にチームを見ることができた。

自分がピッチに入った時に何ができるか、何をやるべきか。それを明確にして、初めてヨーロッパにあるサッカー文化の一端を理解し始めることができた。それによって、少しずつ風向きが変わり始めた。

同じような感覚のズレは、ベルギーに渡って3年目に移籍したスタンダール・リエージュでも痛感した。

スタンダールはベルギー国内屈指の名門で、ヨーロッパでも広く知られたクラブだ。いまでこそ、ベルギーでこれだけの日本人選手が活躍の場を移しているが、当時の日本ではまったくと言っていいほど認知されていなかった。

「所詮《しょせん》ベルギー」という目で見られる違和感はいつもあった。ドイツなどフィールドの選手が活躍するリーグは日本でテレビ放映されるが、当時のベルギーリーグはプレーしている姿さえ見てもらえなかった。もちろん、その道を選んだのは自分自身なのだが。

現地で自分のプレーを実際に見ない上で勝手に評価されることほど、「正当に評価してもらいたい」と叫びたくなることはない。

スタンダールは、リールセとは対極に位置するクラブだ。リーグ戦は常に優勝候補の一角で、イングランドのプレミアリーグやスペインのリーガ・エスパニョーラ、ドイツのブンデスリーガをはじめとする世界トップリーグへのステップアップを狙って、世界中から選手が集まってくる。そういうチームにおいては、GKに求められるプレーがリールセのそれとはまったく違う。僕はそのギャップに戸惑い、簡単には取り払えない葛藤を抱えていた。

違和感は、1年目の2012−13シーズンから感じていた。スタンダールでは、GKは〝スーパーマン〟であることを求められた。ギリギリのシュートを止めるために、とにかくリスクを冒すことを要求された。

クロスに対しては、自分では「絶対に届かない」とわかっていても「飛び出せ」という指示が必ず飛んだ。最終ラインの裏に抜け出した相手のFWに対しては、駆け引きの中で「動かない」と判断しても「前に出ろ」と強く言われる。このタイミングで前に出たらFWと入れ違ってやられる、DFと交錯《こうさく》することがわかっているのに、それを強く求められる。コーチングスタッフやチームメイトだけではなく、サポーターの雰囲気もそれに同調した。

それまでの僕は、いわゆる日本人的な感覚で勝負してきた。まずは、やるべきことをミスなく正確にこなす。その上で、プラスアルファを発揮する。スタンダールにはその感覚を理解してくれる人が誰もいない。

つまり、リールセとスタンダールでは求められるプレースタイルがまったく違う。相手のクロスに対してリールセのGKが前に出なくても何も言われないけれど、スタンダールのGK、つまり僕が前に出ないと「アイツはクロスに対応できない」と言われてしまう。たとえ、ピッチに立っている僕自身が「このタイミングで前に飛び出しても絶対にボールに触れない」と感じるプレーであっても。

練習中から同じプレーを求められた。クロスに対してはいつも「出てこいよ」と声がかかり、いら立ちを隠せなかった僕はこう言い返した。

「俺はスーパーマンじゃない！　いまのは絶対に出られない」

どんなに力説しても、自分の意見を主張しても、チームメイトやスタッフにその判断が正しいと言ってくれる人はいなかった。自分の感覚でプレーしていたら、まったく評価されない場所だった。自分自身が変わらなければ、生き残れない。

覚悟を決めて、求められるプレースタイルにトライしなければならないことはわかっていた。だけど、「やられる」とわかっている状況で一歩踏み出せば、失点に直結するシーンが増えることは間違いないし、一瞬でも躊躇《ちゅうちょ》すればチームメイトや監督にネガティブな印象を与え、スタンドから怒号が飛ぶ。そうして生まれた失点はすべてGKの責任で、それが積み重なるほど、「川島は前やクロスに出られない」というレッテルを貼られてしまう。

いまとなれば、そのチャレンジが自分を成長させるためにプラスになったとわかる。でも、当時自分が正解だと確信していたことを貫けず、自分の考えすら理解してもらえない環境は、僕にとっては乗り越えるのが難しいハードルだった。納得がいかなくても、失点すれば自分のせい。互いに協力して守るという意識も薄く、みんな自分が批判されるのを恐れるから、責任をなすりつけ合う。少しでも黙っていれば、なんでも自分のせいにされた。

こんなこともあった。僕がいいパフォーマンスをして勝った試合の直後、記者会見の場で監督が言った。

「エイジがやっと手を使ってくれた」
これには本当に憤りを感じた。

あの頃の僕は、自分の価値観やプライドを簡単には譲れなかった。それは自分の中にも自負があったからだ。でも、いまとなってみれば、もっと早くその環境で求められること、求められるGK像を受け入れてみるべきだったのかなと思う。なぜなら、この時に覚えた「どんなボールに対しても前に出て勝負する」というアグレッシブなプレースタイルは、自分がそれまでの殻《から》を破るヒントになったと実感しているからだ。

そういう意味でも、あの頃の僕は未熟だった。感覚のズレを受け入れられない日々に直面して、自分自身を追い込むことしかできなかった。

日本では、「ミスをしないGK」が評価される。その感覚でピッチに立っていたら、ヨーロッパでは評価されないし、戦えない。クロスもハイボールも、とにかく前に出て勝負しなければGKとして認めてもらえない。

「ミスをしない」ではなく、「ミスをせずにどれだけギリギリのところでチームを助ける良いプレーができるか」。これは大きな違いだと思う。世界のスタンダードに自分を照らし合わせ、自分自身の成長を考えれば、もちろん日本代表に戻った時も、そのギリギリの感覚でピッチに立つ必要があると考えていた。クロスやDFの裏のボールに対しては、スタンダールで求められるプレースタイルと同じように一歩前に踏み込む。でも、いつもと違うその感覚は、駆け引きの局面において必然的に「チーム」と「自分」の間にタイミングのズレを生む。

ある時、そのプレースタイルに悩まされ、葛藤を常に抱えていた時に、当時の信頼していた代表スタッフのひとりに呼ばれてこう言われた。

「エイジ、もっとできるんじゃないのか」

その言葉は僕にとって大きなショックだった。自分は葛藤しながらもう一段階レベルアップするためにチャンレンジしていても、スタンダールだけでなく、信頼している身近な人にさえ理解してもらえなかった。

2013年11月、ベルギーとの親善試合で起こったシーンは象徴的なシーンだ。

僕は最終ラインを抜けたFWロメル・ルカクに対して大きく飛び出す判断をしたが、かわされてクロスをあげられ、FWケビン・ミラランスに押し込まれた。

「なんでわかってもらえないんだ」
自分の殻を破って僕が成長することは、必ず日本人GKや日本サッカーの未来に繋がるはず。そう思って挑戦していたが、それは誰にも理解してもらえなかった。

批判を受けるほどその思いは強くなり、精神的に追い込まれる一方だった。もちろん、日本代表は国を背負って戦う場所だからこそ、ミスは許されない。だからこそ、常に葛藤を抱えながらプレーするしかなかった。

スタンダールに戻れば、チームメイトは僕の日本代表での失点シーンを振り返り、嫌味のように、「カワ、なんでこうなったの？　お前、前に出られたんじゃないの？」と聞いてくる。仲のいい選手でもそういう感じだったから、スタンダールの時は、時間が経つにつれ、チームメイトと距離を置くようになっていった。

２年目以降、チームメイトと食事に行く機会は、ほとんどなくなった。
スタンダールでは本当にハードな経験を繰り返した。だからこそ、自分が置かれた状況を自ら話すことは言い訳がましくて嫌だったし、メディアに出ることも避けるようになった。特にスタンダールにいた2年目以降は本当に孤独だった。

あれから数年経って、いまの状況は当時とは違う。久保裕也や森岡亮太が活躍したことで、日本人のベルギーリーグに対する見方は少しずつ変わってきている。日本企業が経営権を取得したシントトロイデンには2018年1月に冨安健洋《たけひろ》、さらにロシアW杯後に遠藤航《わたる》、関根貴大《たかひろ》、小池裕太、鎌田大地が加入。オイペンの豊川雄太は2020年まで契約を延長し、セルクル・ブルージュにはロシアW杯をともに戦った植田直通《なおみち》が加入した。

当時の「どうせベルギーでしょ？」という雰囲気は僕にとってはとても残念で、悔しくて、ずっと「なんでわかってもらえないんだろう」ともどかしい気持ちを抱いていた。そもそも、日本人GKとしてヨーロッパでプレーするために、どれだけ大きなリスクを背負わなければならないか。そのことはまったく理解してもらえなかったし、どう伝えても伝わらなかった。

理解されにくいポジション柄、そして見えづらい海外でやることで、仕方がない部分があることはわかっている。でも、フェアに見ることだけは忘れないでほしいといつも願っている。

いまとなっては海外でプレーする選手が多くなったことで、日本人選手もヨーロッパのG

Kと同じチームでプレーし、対戦する機会が増えている。そんな中で、誰に聞いてもやはりヨーロッパのGKはレベルが高いという話をする。

そういった認識が広がってくれることは僕にとって嬉しいことだし、認識が上がることでGKに対する見方がいい意味で厳しくなってほしいとも思う。


他人の価値観を受け入れることは、決して簡単ではない。

僕にとって、すべてのクロスボール、最終ラインの背後に落ちるすべての縦パスに対して前に出ることを要求されることは、ものすごくハードルが高く、相当の勇気と覚悟が必要だった。そして、そのことで直面した混乱をクリアにし、自分のものにしていくには、かなりの時間とエネルギーが必要だった。

でも、いまの自分はあの頃の自分とは考え方が異なる。自分にない価値観を受け入れようとするチャレンジは、きっと自分自身の〝幅〟を大きく広げるきっかけになる。苦しい時間は長かったけれど、その時期に、あの苦しみを味わえたことは、僕にとって大きな進化を促してくれるきっかけだったと思う。

7

自己主張の術《すべ》を持っておく

海外では、自分の意見や考えを他人にしっかりと伝えなければ存在そのものを認識してもらえない。自己主張をためらっているようでは、アスリートとして生き残れない。

もちろん、時にはボスである監督に対してしっかりと自己主張することも必要だ。海外では選手が日常的に監督に意見するから、必要に応じて、選手は監督室のドアを叩く。自分の感情的な意見をぶつけて自分の評価を下げてしまうという〝リスク〟もあるけれど、自分の意見や思いを伝えることによって状況が好転することもある。

メス1年目の2016－17シーズン。ずっと試合に出られないまま迎えた12月と、日本代表から戻ってきた4月、フィリップ・ヒンシュベルガー監督に自分の意見を伝えるため、僕は監督室のドアを叩いた。

メスと契約して、チームに合流してからずっと、監督には「一番いいGKがピッチに立つ」と言われていた。

ところが、どんなにアピールしてもチャンスをもらえなかったどころか、開幕後2カ月はベンチにも入れなかったし、その後に続いた〝2試合ベンチに入って2試合リザーブチームでプレーする〟というサイクルも一向に変わる気配がなかった。

12月にまず監督と話し合いの場を持った僕は、「カップ戦がある1月までもう少し我慢してくれ」と言われた。

1月のクープ・ドゥ・フランスというカップ戦に出場することはできたが、オフ明けすぐでメンバーを変更して臨んだ試合は散々だった。

その後はまた使ってもらえない日々が続き、再びトップチームのベンチに入ってリザーブチームでプレーするというサイクルに突入した。

そんな状況の中、3月には日本代表としてロシアW杯最終予選でUAEと対戦し、大きな自信を得た。しかし、チームに戻ると依然として変化の兆しは見られない。

チームが残留に向けてラストスパートに入りながら調子が上がらずに順位が下がってきた4月。このままこの状況が続くなら、次のシーズンに向けて動き出さなければいけない。そう感じていた僕は、もう一度監督室のドアを叩いてこう伝えた。

「今のチームの状況は良くない。こういう状況だからこそ自分の経験をチームのプラスにできると思います」

監督は言った。

「エイジ、チームにとってGKを代えるということはものすごく大きなことだ。シーズンも残り6週間しかないし、それは基本ないと考えてくれ」

「わかりました」

そう言って僕は部屋を出て行った。僕もプロのサッカー選手だ。自分を使ってもらえない、戦力として考えてもらえないのなら、しっかりと評価してもらえる場所を見つければいい。シーズンを通してとにかく1日1日、自分が試合に出る価値があると練習でアピールし続けてきたのだから、それはそれで仕方がないことだ。部屋を出た時、伝えたいことをはっきり伝えた僕は、気持ちを切り替えた。


その1週間後だったと思う。チームは前日にリーグ戦を戦っていたが、僕は次の日曜日、リザーブチームの試合で若い選手に混じって出場していた。

自分で言うのもなんだけど、その試合はいいプレーをして0－0で引き分けた。

次の日、その試合を視察していた監督に呼び出された。翌4月18日の火曜日には延期になっていたパリ・サンジェルマンとのリーグ戦が控えていた。

試合の後のコンディションはどうかと僕に確かめた後、監督は単刀直入にこう言った。

「明日の試合はお前が出る」

努めて冷静に「わかりました」と答えたけれど、1週間前に言われた監督の言葉とのギャップに戸惑った。とはいえ、ようやくめぐって来たチャンスだ。試合に向けて気持ちを切り替えるしかなかった。


フランスでは特に強く感じたけれど、ヨーロッパでは必要な時に自己主張をしなければ、「コイツは何も言わないから放っておいても大丈夫」と認識されてしまうケースが多い。何度も言う必要はないし、強すぎる主張は必要はない。でも、本当に必要な時に自分の意見をしっかり持ち、はっきりと伝えなければ、自分という存在を相手に理解してもらえない。日本では何も言わなくても、雰囲気で「こいつはストレスを溜めているのかな」とか「何か違う考えがあるのかな」と察してもらえるかもしれないが、その感覚はこちらでは通用しない。

だから、たとえ受け入れられないとわかっていても、必要に応じて自分の意見を伝えなければならない。言いすぎることは自分のスタイルではないが、そういった発言をする勇気が時に状況を打破してくれることは間違いなくある。発言することで自分に対しても責任が生まれ、また自分の行動も変わってくると思う。

そうして迎えた、僕にとってのリーグ・アンのデビュー戦。結果は最後のアディショナルタイムで逆転され2－3の敗戦に終わった。でも、僕にとっては最高の時間だった。

パリ・サンジェルマンは国内の絶対的王者でいまやヨーロッパ屈指のビッククラブだ。FWにはウルグアイ代表のエディンソン・カバーニやアルゼンチン代表のアンヘル・ディマリア、中盤にはイタリア代表のマルコ・ヴェラッティ、昨シーズンにはブラジル代表のネイマールを獲得して、ロシアW杯終了後には、長年ユベントスで活躍した40歳の名ＧＫジャンルイジ・ブッフォンも加入した。

俺はこういう相手とやり合うためにヨーロッパに来たんだ。

そして、それまで何をやっても手が届かなかったヨーロッパの5大リーグについに踏み込めた。そう実感できた。

その試合のその瞬間を「あきらめずに耐えてきた自分へのギフト」と思いながら、夢中になってプレーした。

当時のメスは、リーグ・アン残留争いの真っただ中にあった。その次のロリアン戦は残留争いの直接対決で、僕はベンチで過ごし、チームは1－5で大敗し、残留に赤信号が灯った。

その試合の後、今度はGKコーチに呼ばれた。

「次はお前で行くぞ」

残り5試合。次の相手も残留争いの直接対決で、相手は同じロレーヌ地方でメスから車で30分ほどのところにある宿敵ナンシーだった。

このダービーマッチに2－1で競り勝ち、続くアウェイでのリール戦も2－0で勝ってリーグ・アンへの残留を決めた。

それ以降、最終戦まで僕はスタメンとしてピッチに立ち続けた。

メス2年目の2017－18シーズン、ようやくチームメイトからの信頼を感じるようになったのは、冬場を迎えて結果が出始めてからのことだった。

特に残留争いを戦うチームにとっては、やはり結果がすべてだ。たとえGKがいいプレーをした試合でも、それがチームの結果に反映されなければ「勝てないGK」と見られてしまう。

シーズンの始まり、また五分五分の競争を余儀なくされた僕には、「勝利」というワンピースだけがずっと足りなかった。監督も途中で替わり、また自分をアピールしなければならなかったし、新しく指揮を執ることになった監督は僕にはまったく話しかけてくれなかった。GKが呼ばれて話をする時、話しかけられるのも目を向けるのも、もうひとりのフランス人のGKだった。新しい監督とも何度か話し合いの場を持ったが、最初はまったく認めてもらえなかった。12月になってチームが勝てるようになり、それ以降は安定して試合に出続けることもできた。全幅の信頼を得ることができたという実感があったし、最後はチームの事情もあり、副キャプテンを任された。

実はこのシーズンの開幕前、メスはベルギーのリエージュでキャンプを行った。久々にスタンダールの練習場でトレーニングに励み、古巣のスタンダールとも練習試合に臨み、たくさんの知り合いや顔馴染みと言葉をかわすことができた。スタンダールで苦しんでいたあの頃、僕はこの苦しみは必ず未来に繋がっているはず、そして、いつか5大リーグでプレーしたいと本気で思ってトレーニングに励んでいた。

あの頃〝なりたかった自分〟がいまここにいる。そう思うと感慨深かった。そんな自分が再会したスタンダールの人たちは、とても温かく接してくれた。違うユニフォームを着て戻って来た僕を、心から歓迎してくれた。その瞬間、僕は本当の意味で、スタンダールで感じていたその〝苦しみたち〟から卒業できた気がした。自分の意志を貫き、時にはっきりと意見を口にしながら前に進んできた。それを実感できた瞬間だった。

もちろん意見や考えを伝える姿勢は場所が変わっても変わらない。日本代表においても自分が必要だと思うことは監督に伝えてきた。

所属クラブを失い、9カ月ぶりに日本代表に呼ばれた2016年3月。チームが決まらない、イギリスの労働ビザがなかなか下りないというどん底の日々を過ごし、ようやくスコットランドのダンディー・ユナイテッドに加入することが決まって数カ月後のことだ。

代表を離れている間、「代表に戻るために」という感覚は持っていなかった。とにかくこの道がどこかで日本サッカーのために繋がってくれたら嬉しい。自分自身が追い求める世界基準のGKになるために信念を貫いていたが、それでも呼ばれた時はすごく嬉しかったし、もう一度代表でプレーするチャンスをもらえたことに対してモチベーションで胸が膨らんだ。

2016年6月3日のキリンカップ・ブルガリア戦では、約1年ぶりに日本代表のピッチに立った。その時は、1年という月日を感じさせないくらい、目の前に広がる景色はいつもどおり素晴らしく、それまでと変わらない気持ちでプレーすることができた。いいプレーもそうでないプレーもあったが、7－2という結果と、試合の最後にPKを止めることができていい気持ちで久々の代表の試合を終えることができた。

所属クラブがない状況に追い込まれたことも、それによって日本代表から離れたことも、すべては自分が成長するための決断だった。だからといって、あの場所で少しでも成長した姿を見せなければいけないというエゴはなかった。とにかく代表のピッチに戻ることができたことは大きかったし、新しい環境で、新しい刺激を得ながらプレーしていた自分の基準で最高のプレーを、日本代表のためにしたいと考えていた。

その年の9月、所属先がメスに決まるのが遅くなった僕は、W杯最終予選のUAE戦とタイ戦では招集されなかった。ダンディーを退団して、メスへの移籍が決まってチームに合流したのが8月頭。普通だったらチームはキャンプを終えて開幕に向かっていく時期だ。

まだコンディションができていないという理由だった。それでも、チームが決まるまではずっとトレーニングを重ねていたし、自分のコンディションに問題があるとは思っていなかった。その思いを直接監督に伝えたかったから僕はヴァイッドに電話をした。

自分が思っていることを伝えると、監督からは「お前のパフォーマンスにはダンディー時代から満足していない。19歳だか20歳だかわからない若造に負けてないでポジションを早く奪え」と叱咤《しった》された。

1カ月後の10月、W杯アジア最終予選のイラク戦とオーストラリア戦のメンバーに僕の名前があった。

「コミュニケーション、励ますところ。この2試合はいままでよりメンタルを出さなければいけない試合になる。そのためにエイジを呼ぶ」

記者会見で招集の理由を聞かれたヴァイッドのこの説明によって、各メディアで僕は「メンタルプレーヤー」と表現されたが、僕自身はまったく気にしていなかった。むしろ、チームに呼ばれるだけでありがたい。日本代表の一員として戦うことができるし、監督の目の前で自分をアピールできるチャンスをもらったのだから。

チームに合流してすぐ、監督に呼ばれてこう言われた。

「お前は呼ばれる立場にはない。それでも、お前の経験を生かしてチームを盛り上げて引っ張ってほしい」

僕は「わかっています」と返し、思っていることを素直に口にした。

「でも、練習するためだけにここに来ているわけではありません」

あの時は、夏に加入したメスでも試合メンバーに入れなかった。ＧＫの序列としては加入時に言われていたとおりの３番手で、毎週末、リザーブチームの試合に出場しながらコンディションを作っていた。とはいえ、日本代表に呼ばれた以上、チャンスはある。応援団長やメンタルプレーヤーに徹する気はさらさらなかった。

ヴァイッドには、「とにかく（所属チームで）試合に出ろ」とも言われた。その年の夏、監督はフランスで開催された欧州選手権を視察していて、世界トップレベルのＧＫを引き合いに出した話もあった。僕はこう言い返した。

「試合に出ることを優先してクラブのレベルを下げてしまったら、あの大会で活躍したＧＫのようなレベルに到達できるとは思えない。自分が目指すレベルははっきりしている。このチームで試合に出場するかどうかを決めるのは監督だけど、自分がＧＫとして何を目指しているかはわかってください」

与えられた役割が応援団長だろうがメンタルプレーヤーだろうが、そういう気概《きがい》だけは見せたい。そう強く思っていた。

10月の2試合はチームとしての流れが良かった。イラクに2－1で勝利した試合では、試合終了間際に（山口）蛍《ほたる》が決勝ゴールを決めたことでチームに一体感が生まれた。試合には出られなかったけれど、フルパワーで臨んだ練習のパフォーマンスには充実感があった。もちろん、次の試合でも呼ばれるかどうかはわからない。でも、自分がやっていることは間違いないと確信した。

確かに、メスではトップチームの試合に出られていない。それでも、フランスで日々プレーすることで自分はちゃんと成長している。日本代表の練習でそれを感じることができたからこそ、とにかく我慢強く続けるしかない。久々に手応えを感じながら、僕はフランスに戻った。

1カ月後の11月の2試合、キリンチャレンジカップのオマーン戦とW杯最終予選のサウジアラビア戦についても、まったく同じ気持ちで日本代表に合流した。チームが勝つために振る舞い、自分ができることを全力でやることに努めた。試合に出たいという気持ちはもちろんあったけれど、とにかく練習で力を見せるしかない。

監督は相変わらず「メスで試合に出ろ」と言い続けていた。でも、僕はこの言葉をポジティブに解釈した。メスで試合に出ることができれば、何かを変えることができる。もしかしたらヴァイッドには、僕を使いたいという気持ちがあるのではないかと。
それでも僕を使わなかった監督の判断は、当然のことだったと思う。W杯最終予選はすべてがギリギリの試合だ。フィールドプレーヤーならまだしも、1本のミスも許されない状況で所属クラブで試合に出ていないGKを使うわけにはいかない。それは僕自身もよくわかっていた。

年が変わって2017年1月になると、メスのチーム状況に変化があった。シーズン前半戦はまったくトップチームの試合に絡めなかったから、実は冬のマーケットで移籍することも考えていた。僕は、とにかく試合に出たかった。
12月の終わりに監督と話し合いの機会を持って「カップ戦まで待ってくれ」という言葉を聞いて、僕自身の予感でしかなかったけれど、その後は自分を使ってくれるのではないかという期待感が日増しに膨らんでいった。

予感は的中した。メスに加入して約6カ月、そのデビュー戦は1月8日のクープ・ドゥ・フランス（国内カップ戦）、アウェイのランス戦で訪れた。ただ、この試合はコンディションが万全ではないクリスマス休暇明けの初戦で、試合は0－2の完敗。結局、その後は以前の状態に戻り、僕は再びリザーブリーグに出場するサイクルに戻された。あの時は、さすがにモチベーションを保つことが難しかった。それでも腐らず、アピールし続けるしかない。

所属クラブでの状況が一向に上向かなかったからこそ、3月の日本代表戦、W杯最終予選のUAE戦で試合に出るかもしれないという雰囲気を感じた時は自分でも驚いた。もし自分が日本代表の監督だったら、あの重要な試合で僕をピッチに立たせることはなかっただろう。だから、自分が試合に出られないことも「当たり前」と理解していた。


ヴァイッドに呼ばれたのは、UAE戦の2、3日前だったと思う。「お前の感覚はどうなんだ？」と聞かれて、僕は答えた。

「メスではリザーブチームでしかプレーしていないし、そんな選手を使えるはずがないと思う監督の気持ちもわかる。でも、自分にできることはやってきたつもりです。やれる自信はあります」

すると、監督は僕の目を見てこう言った。

「お前、このあいだの試合で1本だけ良くないプレーがあっただろう」

驚いた。「そんなこともありましたね」と思わず苦笑いを浮かべた。監督が続ける。

「この試合の意味を理解しているよな？　それでもやれるのか？」

「やります」と答えた僕に、監督は少し間を空けてから言った。

「わかった。考えておく」

たぶん、ヴァイッドもギリギリまで悩んでいたんだと思う。試合当日、スタメンに自分の名前があることを確認した瞬間、僕は胸の中の興奮を必死で抑えた。

結果は2－0。僕らは大事なUAE戦に勝った。勝利を告げる笛が鳴ったあの瞬間、あれは本当に、特別な時間だった。


終了直後のロッカールームに戻っても、いろいろな感情がこみ上げてきて涙が止まらなかった。たとえ人生が自分の思いどおりにならなくても、自分を信じ、困難と向き合っても信じ続けることで、必ずそれがなんらかの形となって、未来を創っていける。それを強く実感した試合だったし、その瞬間を味わうために支えてくれたたくさんの人たちのことを思った。

試合に出るのを決めるのは、選手ではない。監督の判断がチームでは絶対で、監督に認めてもらえなければピッチに立つことはできない。それはどの世界でも一緒だと思う。チャンスをつかむためには、認めてもらわなければならない。だからといってその瞬間をただ待つだけでは何も生まれない。自分と向き合い、自分自身に責任を持つこと。そうした上でその意志をしっかりと伝えることは大切だと僕は思う。すべて理解してもらうことができて、ことが万事進むわけではないかもしれないけど、勇気を持って伝えなければならない瞬間は必ずある。その瞬間を見極めてしっかりと自己主張するということは、サッカー選手としてだけではなく、ひとりの人間として大切な要素だと僕は思う。

8

意志を持って、アクセルを踏む

僕たちは目に見える世界の中で生きているが、僕は目に見えないものも、とても大切だと思う。

日本には〝言霊《ことだま》〟という言葉がある。言葉には不思議な力が宿り、発したとおりの結果を現す力がある。頭の中にはっきりとした考えがあるのなら、それを口から出すことで初めて意志が宿る。そんな意味なのかもしれない。

すべてのモノは、人の意志が形になったものなのだと思う。例えば、壁は人が空間を区切ろうとしたからそこに存在する。フォークやナイフも、人が食べるための道具として必要だと思ったから、いま存在する。

そこに区切りたい、食べやすく食べたい、という思いがなければ、壁は壁として存在しないし、ナイフやフォークも存在しなかったかもしれない。

意志も同じだ。自分の頭の中にある思いや思考を言葉として発することで初めて意味を持つ。言葉そのものは目に見えなくても、口から音として出ることで、それまでこの空間に存在しなかったものが、口から出た瞬間、存在する意志になる。

だから僕は、自分の頭の中に、何かしらの思いや、意志があるなら、それを言葉にして発するべきだと思う。

もちろんそれは人に言う必要はないかもしれないし、独り言のこともあるかもしれない。

そんな〝言霊〟の力を僕は信じている。

人間は、意志がある方向にしか向かわない。もし夢や希望、目標があるなら、それを自分に言い聞かせて、あるいは積極的に発信して、自分をその方向に向かわせることが大事だ。

この先、サッカーを何年やれるかわからない。だけど、自分が好きなサッカーをやることで人生の一部を満喫できるのなら、とにかくそれに全力を注ぎたい。

進むべき方向に車を走らせるように、自分の意志がある方向にアクセルを踏む。たぶん、それ以外にできることなんて何もない。

2015年9月、所属クラブがなくなって浪人生活を送っていた僕は、かつてジュビロ磐田でプレーしていた、オランダ人GKコーチのアルノ・ヴァンズワムに練習を見てもらうために車でオランダへ向かった。

事情があって結局1日しか練習することができずに、意気消沈していた帰り道。車を運転しながら、人の意志なくして勝手に走ることはないとぼんやり思った。人が乗らなければ、車はただの鉄屑《てつくず》で、そこに人間の意志が働いて、つまり車を進めようとする意志がアクセルを踏んで、初めて動き、意志や感情がスピードを速くしたり、遅くしたりするということに気がついた。

あの時の僕は、この単純で当たり前のことに気づくことで、急激に頭がクリアになった。

人間だって同じだ。

「そこにたどり着きたい」という意志があって初めて、その方向に歩みを進めることができる。自分がしっかりとした意志を持てば、必ず自分の思いを実現できると確信して、それが嬉しくて、マッサージに来てくれたトレーナーさんに力説した。

彼は「こんな状況で頭がおかしくなったか」と思っていたかもしれないが、僕は話しながら頭の中を整理して、心が折れそうになっている自分の中に、明確な意志が存在することを確認した。

9

メンタルを細分化して考える

GKを語る上で、「メンタル」はキーワードのひとつだ。

よく僕はメンタルが強いと言われるけど、いつからそんなふうに見られるようになったのだろうか。人並みに落ち込むことがある僕はそんなことを言われ、時に戸惑うこともある。

「永嗣さんはメンタルがハンパないから大丈夫でしょ」

そうチームメイトに言われることもあるから、そんなイメージがよほど強いのかもしれない。本当の僕はそれほどメンタルは強くない。落ちる時はとことん落ちるし、そんな弱い自分を情けなく思うことだってある。

確かに、昔といまではメンタルの持ち方は違うと感じているし、年齢と経験を重ねて、多少のストレスならあまり気にしない強さは身についているのかもしれない。

所属クラブがない〝浪人時代〟を経験しているのだから、「このくらいなら大丈夫」と思えることは以前に比べて増えていることは確かだ。

そもそもサッカー選手は、好きなことを職業にしているし、それに情熱を注げることができる素晴らしい職業だ。でも、その反面、毎日のようにストレスと向き合うことになる。練習がうまくいかず、日々勝負にさらされるストレス。明日、職を失うかもしれない。うまくいけば大きく評価されるし、自分が納得していても、大きく批判されることもある。

そんなストレスとも、昔とは違って上手に付き合えるようになっている。僕はとにかく余計なことは考えないようにしている。

とにかく自分がやるべきこと、やろうとすることに集中するように生活のスタイルも作っている。いまの時代は本当に情報が溢れているし、明日には違うことが正しいことになっている。だから、まずは自分の中の正解を突き詰めることに集中したい。

まずは練習に120%注ぐために、寝る時間、食事のタイミング、次の日に備えて身体を休めることを徹底している。最近は以前のようにお酒を飲みたいとも思わないし、特に遊びに出かけることはほとんどなくなった。

時に自分でも窮屈《きゅうくつ》だなと感じることもあるけれど、すべてのエネルギーと情熱を、夢を実現するために使いたい。

気分転換は休みの日に家族で小旅行して違う街や文化に触れたりすること。訪ねてきてくれた友人と会っていろいろ話をすることも大きなリフレッシュになる。

だからといって、すべてをコントロールしようとしても、メンタル的な浮き沈みのすべてをコントロールできるわけではない。


２０１７－18シーズンもいろいろなことがあった。ようやくレギュラーをつかんだと思った９月、２試合目の試合のウォーミングアップ中に、内転筋をケガして、その試合に出られなくなってしまった。そして、その試合、チームはリーグ戦初勝利を飾った。

激しいレギュラー争いの中で、それまで連敗中だったチームが勝てば、またレギュラー争いは振り出しに戻される。そんな思いから、みんなと勝利を祝った後、次の日はそのタイミングでケガをしてしまった自分を責めに責めたし、一日中ヘコんでいた。

昔はそういう小さな変化や出来事にうまく対応できずに、引きずってしまったり、周りに当たり散らしてしまっていた。

でも、いまの僕はできるだけ、一日だけヘコんで「そんな時もある」で終わらせるようにしている。それを「メンタルが強い」と表現することができるのかもしれない。

ただ、「メンタル」の種類はひとつではないと僕は思う。

一般的に、メンタルは常に「強い」か「弱い」で表現されることが多いけれど、メンタルにもいろいろな種類がある。逆境を乗り越えるメンタル、プレッシャーを跳ね返すメンタル、大一番で力を発揮するメンタル、ネガティブな発想をポジティブに転換できるメンタル、そして、この本のタイトルでもある耐えるメンタル。挙げればキリがない。

なんでもかんでも「ポジティブに！」というのは好きじゃない。その瞬間の感情は、素直にそのまま受け取ればいい。受け取ってからどうアクションするかが大事で、そこからが本当の意味でメンタルの強さが問われるところ。アクションを起こしてこそ、本当のポジティブだと僕は思う。

個人的には、この本のタイトルになっているくらいだから気づいてもらえるかもしれないけれど、逆境に立たされた時のメンタル、苦しい時にこそ耐えるメンタルは強いほうだと思う。もしかしたら、日本の現代的な風潮とは逆行しているのかもしれない。かつての日本人は、どんなに苦しい状況に直面しても、耐えて、忍んで、その先に希望を見いだすことを美徳としてきた。けれど最近は、「ムリして耐える必要はない」「逃げ出すことも強さ」と考えられる風潮にあり、実際に教育現場でもそのような指導がなされていると聞いたことがある。

でも、僕にとって「耐える心」の強さは、サッカー選手という職業を続けていく上でも人生においても大切なものだと思う。なぜなら、何かを成し遂げるには、必ず耐えなければいけない時があるから。

いずれにしても、自分自身のメンタル的な特徴を分析し、自分にとっての「メンタルの強さ」とは何かを理解することは大切だと思う。自分のメンタルのどこに強みがあって、どういうことが起こった時に弱い自分が出てくるのか。弱い自分が出てきた時に、どうすれば、また強い自分を出すことができるのか。そうやってメンタルを細分化することで、気持ちが落ちてしまった時の対処法、あるいは気持ちが上がりすぎてしまった時のコントロール法が見えてくるのかもしれない。

サッカー選手は毎日のように技術的なトレーニングを繰り返しているし、フィジカルを鍛えるトレーニングもする。ただ、メンタルは強いのが当たり前、というだけで鍛えるということはあまりしていない気がする。そう考えると、やはり、技術やフィジカルをしっかりと鍛えるように、メンタルもトレーニングして、心の強さを得ることも必要だと思う。窮地《きゅうち》に立たされた時、チャンスを目の前にした時、その瞬間のベストをつかみ取るために必要なのは、心の強さだから。

10

〝いま〟の苦しさが〝未来〟の糧《かて》

サッカー選手を職業としている以上、「苦しい」という感情はいつもすぐ近くにある。もしかしたらそれは、どんな職業でも同じなのかもしれない。特別な達成感は我慢や努力の積み重ねの結果として得られるものであって、我慢や努力を積み重ねることは、「苦しい」と感じることの連続でもあるから。

この数年間を振り返ると、特にスタンダールでプレーした2012年からの3年間は、うまくいかないもどかしさ、チャレンジしていることが理解されない悔しさに直面する苦しい時間が続いた。

ノートには、その時々の感情を記し続けてきた。ただ、心に余裕がない時、本当に参っている時は何も書けないことが多く、スタンダールで過ごした最後のシーズンから半年の〝浪人生活〟までは、まともに書いた記憶がほとんどない。逆に多くのことが書き残されている2015年9月以降の〝浪人生活〟については、気持ちを吐き出さなければ心を維持できなかったのだと思う。

スタンダールでの2年目、2013－14シーズンからは「相当のプレッシャーを感じていた」と書いてある。

僕がスタンダールに呼ばれたのは、それまでレギュラーを務めていたトルコ人GKシナン・ボラトの退団が決まっていたからだ。2013－14シーズン開幕前にポルトガルのFCポルトに移籍した彼は、スタンダールにおいてはスター選手のひとりだった。だから、僕は常に彼と比較された。ブーイングは仕方がない。ただ、僕が失点するたびにシナン・ボラトの名前をコールするサポーターの大合唱だけは、どうしても許せなかった。

文字どおりの四面楚歌だった。チームの成績が落ちれば、矛先はすべて自分に向けられた。あるジャーナリストは「スタンダールで起きていることは正しくない」と言ってくれたけれど、自分の身近なところには誰ひとりとして味方がいなかった。

なんで俺だけが、こんな思いをしなきゃいけないんだ――。

情けなく聞こえるかもしれない。でも、あの時に負った心の傷はそう簡単には癒《い》えなかった。

そういう状況に追い込まれて、「ミスをしちゃいけない」という危機感は日に日に大きくなっていった。どんな小さなミスでも徹底的に批判され、失点すればスタジアム全体が前任者の名前を大合唱する。それだけは避けたかった。

練習にも異常なまでの緊張感を持って臨み、その日のミニゲームで負けただけで、僕のメンタルはどこまでも落ちた。チームメイトのリアクションはサポーターと変わらなかった。他のGKと同じチームでミニゲームに勝った選手が、「●●と同じチームだったから勝った」と平気で口にする。たかがミニゲームでも、自分のチームが負ければチームメイトから非難される。実力を示さなければ、ポジションを奪われてしまう。だから、たかがミニゲームでも絶対に負けられなかった。

あの頃は、毎日が苦しかった。心が折れそうになったことは、一度や二度じゃない。でも、負けるわけにはいかなかった。

いまだから言えることだけれど、2年目以降はリエージュの街中に出ることさえも避けるようになった。もし誰かに会えばすぐにバレてしまうし、後ろ指をさされることがわかっていた。レストランは顔馴染みの店にしか行かなかったし、友人に誘われても「街中には行きたくない」と断っていた。

当時は嫁さんと付き合い始めたばかりの頃で、もともと好奇心旺盛な彼女は街中に行きたがった。たぶん、最初は僕が足を運びたがらない理由が理解できなかっただろう。それでも、彼女なりに雰囲気を察して、僕に合わせてくれるようになった。

車のタイヤは、何度パンクさせられたかわからない。試合が終わって帰ろうとすると、出口で警備員に呼び止められてこう言われたこともある。

「たぶん割られていたと思うよ」

車を見ると、窓に大きな穴が開いていた。思い出すだけで悲しくなる。あの頃は、本当に理不尽なことだらけだった。

スタンダール1年目のGKコーチは、スポーツ紙の取材に「前にいたトルコ人GKのほうが良かった」と答え、それが記事になった。彼は「俺はそんなことは言っていない」と笑っていたが、僕は心の中で怒りの感情を押し殺していた。本当に、毎日のようにそんなことが起きていた。

長い付き合いになる僕のマネージャーによれば、あの頃の僕は、会うたびに「イヤなヤツになっていませんか？」と聞いていたらしい。確かに、会うたびに何度もそう口にしていたことは、自分でもよく覚えている。

選手として感じていたストレスは、はっきり言って普通じゃなかった。それを受け止めようとしている自分が、もはやいつもの自分でいられないことがわかっていた。知らぬ間に自分が変わってしまうことが怖かったから、常に客観的な意見を求めていたのだと思う。逆に言えば、「追い込まれている」というはっきりとした自覚が自分の中にあった。


当然、日本からの目線も厳しいものだった。ベルギーに来てからずっと、ＧＫとしての新しいチャレンジに取り組んでいることは知られていない。僕は成長するためにチャレンジし、変化しようとしていたけれど、その影響でそれまでの自分にはあり得なかったミスが起こるようになる。「成長するためだ。どんな批判も甘んじて受け入れるしかない」。頭ではそう理解していても、日本代表の試合でミスをすれば批判の的となり、「日本でプレーするほうがいいのでは？」というメディアの声に対して「何もわからないくせに」という不信感は膨らむ一方だった。

マネージャーには、できるだけ取材を受けたくないと伝えていた。弱音を吐きたくなかったし、言い訳のように聞こえてしまう可能性があるなら、自分のチャレンジや置かれた状況について自ら発信しようとも思わなかった。ちゃんと見て、ちゃんと書いてくれる人が現れることを待つしかなかったから、そういう意味では、むしろ本当のことを知ってもらうことについてはほとんどあきらめていたのかもしれない。

日本人のGKとして海外でプレーするなら、日本人でさえいられない。

あの頃の僕は、そう思い始めていた。

責任を取る。ネガティブなことを言われても、それを受け入れて冷静に話をする。人に対して優しく接する。それらは本来の自分が持っていて、日本人として生きる上で大切にしたいと思えるアイデンティティだ。でも、こっちでサッカーをやるなら、それだけでは生きていけない。

サッカー選手としての僕は、「ミスをしないことが最優先」という日本人GKの価値観を完全に捨てようとした。ミスをしないことは大前提。でもリスクを冒さなければ最高のプレーは生まれない。そうでなければ、海外では評価されない。生き残れない。プレーヤーとしての変化の過程にあったからこそ、マネージャーに「性格まで変わってしまっていないか？」と確認していたのだと思う。

サッカー選手として備えなければならない〝世界仕様のメンタリティ〟がそこにあるのなら、自分を変えてアジャストするしかなかった。スタンダールで経験した苦しい時間は僕にそのことを教えてくれたけれど、人間として、自分の根っこの部分では日本人のアイデンティティを持っていたいと思っていたから、知らぬ間にそれを失ってしまうことだけは避けたかった。

あの3年間で味わった苦しさは、間違いなく自分の糧になっている。いまとなっては「充実していた」とさえ思えるから、人生はわからない。

以前、後輩の選手にこんな話をしたことがある。

「どんなにつらくても、置かれた環境から外に出た時、苦しんだ分だけ価値のあることをやっていたんだなと思える。だから、いまは苦しい時間も楽しんだほうがいい」と。

僕自身、スタンダールの3年間で選手としてグレードアップすることができたと思う。だけど、その当時はその日の練習、目の前の試合に必死すぎるあまり、自分のどの部分が成長し、何が足りないのかよくわからないまま日々を過ごしていた。

クラブの外に出て感じるのは、あの3年間で本当に素晴らしい経験を積むことができたということだ。チャンピオンズリーグの予選に出場したり、ヨーロッパリーグの本戦に出場したり、リーグ優勝を争ったり。いまになって考えれば簡単に得られる経験ではなく、あの頃の自分が恵まれた環境で、偉大なチームの一員として戦っていたんだと実感することができる。

もちろん、日本には「ベルギーなんて」と感じる人もいたかもしれない。でも、あれからスコットランドに行って、フランスに行って、練習参加という形でもイタリアやイングランドに行かせてもらって……。そうした経験からベルギーの環境がヨーロッパの中でも恵まれていたことを実感しているし、ひとりのサッカー選手として、幸せな環境でプレーしていたと振り返ることができる。

つまり、本当の意味で〝ベルギーでプレーしていたことの価値〟を知ることができたのは、ベルギーという国を離れてからのことだった。リールセでは試合に出続けてアピールするチャンスをもらったし、スタンダールではヨーロッパの強豪と真剣勝負をする機会をもらった。僕にとって、その価値は計り知れない。そして今日、ベルギーリーグに多くの若い選手たちが活躍の場を移していることは嬉しい限りだ。

確かに、心は忙しかった。

周囲から見れば〝外国人ＧＫ〟である僕は、当然、ベルギー人ＧＫよりいいプレーをしなければならない。自分のパフォーマンスが良くない時は「ユース出身のＧＫを試合に出したほうがいい」と散々言われたけれど、それが当然のリアクションだと思う。ファンから厳しい野次を受けることも日常茶飯事だった。ヨーロッパのサッカーファンは、日本のサポーターとはまた種類が異なる。

ヨーロッパではスター選手に対してもひとりの〝人〟として接するから、ピッチの上ではパフォーマンスに対して厳しくても、ピッチの外ではプライベートを尊重してくれることが多い。そうした違いから感じるのは、やはりヨーロッパではサッカーが文化として定着しているということだ。サッカーが日常にあるから、選手に対してもその一部という感覚で接することができる。

ベルギーに行ったばかりの頃は驚きの連続だった。レストランで食事をすれば、右のテーブルでも、左のテーブルでもサッカーの話をしている。まったく興味がない人もいるだろうけれど、サッカーを日常の一部としている人の絶対数は圧倒的に多い。その町で生活する人たちにとって、サッカークラブは〝希望〟だ。決して大袈裟《おおげさ》な話ではなく、「今日はあのチームに勝った」「ウチにはこんな選手がいる」とみんなが口にするから、自分の町のチームに誇りを持とうとする雰囲気が自然と浸透するのだと思う。

だからこそ、スタジアムに足を運ぶ人たちの熱気はものすごいものがある。当然ながら野次も飛び交うし、僕自身が「言葉を知らなければよかった」と思ってしまうくらい汚い言葉が試合中に何度も聞こえてきた。

言葉を理解してしまう僕は、それをあえて受け入れようとした。そうしなければ、本当の意味でヨーロッパのサッカー文化を知り、経験を積んだとは言えないと考えたからだ。もちろん、野次を耳にして気分がいい人なんていない。でも、表面的な部分だけではなく、すべてを受け入れて本物の経験にしたいと考えていたから、僕はその言葉の数々をしっかりと胸に刻んだ。

すでに書いたとおり、スタンダールではいつも〝リスクを冒す〟プレーを求められた。あれだけの重圧を受けながら、僕はそれでもギリギリのチャレンジに挑み続けた。自分のプレースタイルを変えてまでそれを受け入れたことは、間違いなくいまの自分に生きている。

リールセにいた頃の自分のままだったら、ヨーロッパではまったく通用していなかっただろう。背中に野次を受けながら、時には信じられない批判を受けながらでも自分の限界を超えようとしてきたからこそ、いまの自分があるのだと素直に思える。とはいえ、日本人ＧＫに対する評価はいつだって厳しい。

苦しみに耐えることの意味については、（内田）篤人に教えられたこともあった。

ベルギーに渡ったばかりの頃、日本人GKを獲得しようとするクラブなんてほとんどなかった。でも、リールセで2年、スタンダールで3年プレーしたことで、ヨーロッパのマーケットにおいて「エイジ　カワシマ」という名前が認知されてきたという感覚は確かにあった。「日本人GKの川島」に興味を持ってくれる人やチームが、少しずつ増えてきたと感じていた。


僕にとっては決して小さくない変化を感じていたからこそ、自分が所属クラブを失った時、卑屈《ひくつ》にだけはなりたくなかった。自分が置かれた状況を哀れむようなことはしたくなかったし、誰かに同情されたいとも思わない。できることなら、少し無理をしてでも〝浪人〟の立場にある自分を、自分で笑ってしまうくらいの余裕を持っていたい。そう思っていた。


そんな時期に、膝のケガで長いリハビリ生活を送っていた篤人に会った。彼に言われたひとことに、僕はハッとさせられた。

「いいじゃん、エイジさん。サッカーできるんだから」

確かにそのとおりだ。篤人は、サッカーがやりたくても膝が治らなければできない。自分はどうか。チームさえ決まれば、サッカーはできる。

自分は世界で一番キツい状況に置かれているわけじゃない。世の中にはもっと厳しい状況に立たされている人がたくさんいて、極端に言えば、生死の境で戦っている人もいる。
幸いにも、それまでに頑張って稼いだお金もある。急に貧乏になるわけじゃないし、ちゃんとした生活を送ることもできる。そう考えたら、卑屈になる必要はどこにもなかった。

篤人のあの言葉は、もしかしたら僕ではなく、篤人自身に向けられていたのかもしれない。もう一度復活するんだという強い気持ちの表れだったのかもしれない。いや、本当のところ、どういう気持ちで発した言葉なのか僕にはわからない。
あの時、普段はサッカーをまったく見ない篤人が、自宅のテレビでサッカーを観ていたことに少なからず驚いた。そんな彼の姿を見たことがなかったから、本気でサッカーに飢《う》えているんだなと思った。

確かにキツかった。だけど自分の置かれた状況は、篤人のそれと比べればたいしたことはなかった。僕は自分が置かれた状況を哀れむことをやめて、前を向いて進み続けようと心に決めた。

チャレンジには、いつだって苦しさや厳しさが伴う。でも、それによって新しい自分に出会えると思えば、苦しさや厳しさをポジティブに解釈することができる。後になって振り返れば、「楽しかった」と思えることだってあるかもしれない。自分自身の経験からそう思えるからこそ、僕はチャレンジに対して前向きに取り組み続ける選手でありたい。

11

「当たり前」に縛られない

海外でプレーするようになって自分自身が「変わった」と思うところは、いくつかある。大きく言えば、サッカー観だけでなく人生観についても、日本でプレーしていた頃の自分とは考え方が変わった。

例えば、「当たり前」という言葉の概念について。もちろんそれは人によって異なるけれど、それでも一定の〝許容範囲〟というものがある。常識的に考えて「ここまでは想定内」、あるいは「これ以上は想定外」という線引きがあり、人間はその線引きに従って言動を決める。だから、「当たり前」の線引きを共有することは、特にチームスポーツであるサッカーをする上でとても大切だ。ところが、こっちでは日本人の感覚における「当たり前」がほとんど通用しない。必然的に、「当たり前」の線引きを変えざるを得ない。

ヨーロッパでプレーしていると、日本では絶対にあり得ないことが日常的に起きる。

2年目の2017‐18シーズンのある日、僕は監督に呼び出されてこう言われた。

「エイジとディディヨン（メス所属／U‐21フランス代表GK）のどちらが1番手か、これから決めようと思う」

急にそんなことを言われても、こちらは反応に困った。実際には何も言わなかったけれど、むしろ「監督であるあなたが決めてくれ」と言いたくなる内容だ。それから少し時間が経って、監督はまた僕を呼び出し、今度はこんなことを言ってきた。

「やっぱり、俺には決められない」

思わず唖然《あぜん》として、また何も言えなかった。監督という立場にある人が、レギュラー争いについて「これから決める」と宣言したかと思えば、次に呼び出した時には「俺には決められない」と打ち明けたのだ。気持ちはよくわかるし、それぞれに対して評価してくれているのなら嬉しいことでもある。でも、監督のそうした言動に対して、選手であり、日本人である僕の立場から理解を示すのは難しい。

ところが、こっちではそういうことが普通に起こる。

ヨーロッパに渡って8年、日本人の自分にはまったく理解できない経験を繰り返してきたせいで、〝当たり前〟の基準は大きく広がった。

それまで当たり前だったことが当たり前ではなくなる経験を繰り返していると、「そういうこともあり得るかも」と知らぬ間に許容範囲が広がっていることに気づくから不思議だ。

たとえ監督から言われたことの意味がわからなくても、たとえその時の自分の感覚ではそうじゃないと思うことでも、時間が経過すれば理解できることもあるし、実は監督の言うことが正しかったとわかる瞬間もある。つまり、自分の〝当たり前〟を小さなプライドで制限しているようでは日々の出来事に対応できない。〝当たり前〟の基準を広げてすべてを受け入れるほうが、そこから自分の基準と照らし合わせて消化し、受け入れて理解することができる。

実は、2017－18シーズンにも同じようなことがあった。マルセイユとの試合の後、フレデリック・アンス監督に呼び出されて、こう言われた。

「もう1、2メートル、高いポジションを取ってもいいいんじゃないか」

わずか1、2メートルといっても、GKにとっては決して小さな距離ではない。僕はなぜ自分が、いつも取っているスタートポジションにつくのかを説明した。僕は常に自分の判断を100％にしたい。リスクを考えた上で自分がしっかり判断できるポジションを取るようにしていた。昔の自分だったら、「そんなことはできない」と監督の言葉を適当に聞き流していたかもしれない。でも、その時は素直に「やってみる価値はあるかもしれない」と思えて、次の試合でアドバイスを聞いて自分のポジショニングを修正した。その結果、それまでにはない感覚でプレーができて、とてもプレーしやすかったし、新しい何かをつかめた気がした。

単純に、監督がアドバイスをしてくれたことが嬉しくもあった。

30歳を越えた選手にプレーに関するアドバイスをしてくれる人が減ってしまうことは、年功序列の意識が強い日本だけに見られる傾向ではない。そうした風潮はヨーロッパでも感じることはある。やはり、自分のプレースタイルが確立されている30歳オーバーの選手がそれを劇的に変えることは難しいと考えられている。だから、試合の中でどういう判断をするべきか、という議論はあっても、監督やコーチがプレースタイルに大幅な変化を提案することはあまりない。それだけ、ヨーロッパでは個が確立されていて、より個人の責任に任せられている部分が大きいこともあるが。

GKにとって、ポジショニングの変化はプレースタイルの変化に直結する。だからアドバイスには必ず「お前のプレースタイルもあると思うけど」という前置きがつき、「でも、こうしたほうがいいんじゃないか」と言葉が続く。つまり、そういったアドバイスがプレースタイルが固まってしまった選手に対する、遠慮がちなアドバイスであることは間違いない。

もちろん、僕自身のプレースタイルはいろんな経験を通して確立されているし、35歳になったいまとなっては、それがないようでは逆におかしい。とはいえ、少しでも向上させよう、うまくなってもらおうとするアドバイスを拒絶したりしない。まずは、素直に受け入れてトライしてみる。うまくいかなければまた元に戻す。どれだけ年齢を重ねても、自分が成長するためならいろいろな意見を受け入れたほうがいい。

だからこそ、監督が誰でも、自分がやるべきことは変わらない。

大切なのは監督が言うことを自分がどう受け止めるかで、自分の中の〝当たり前〟の基準だけで反発するのはエネルギーのムダだ。まずは「わかりました」と答えて、その可能性について考えてみる。試す価値があれば試せばいいし、そうじゃなければ心の中にしまっておけばいい。

日本から海外に出ると、必ず同じような壁にぶつかると思う。それまでの当たり前が通用しないことは大きなストレスになるけれど、そうした変化を受け入れれば、新しい何かを手に入れられる可能性は高い。

当たり前の線引きを変えるということは、自分以外の他者を本当の意味で受け入れることであり、自分の可能性をより広げていくきっかけとなるのではないかと思う。

もちろん、僕もひとりの人間だから、苦手な人もいるし、いいきっかけを与えてくれなかった人もいる。

そんな時には僕はいつもこうするようにしている。その人の顔を思い浮かべながら「ありがとう」と5回言う。

いままで自分が考えていなかったことを自分に教えてくれたことに感謝するようにしている。もちろん、時に試合に出してくれない監督に対して、「試合に出してくれ。なんで使ってくれないんだ」と思うこともある。そんな時は、監督の顔を思い浮かべて、「成長するきっかけをくれてありがとう」と言うようにしている。それは、いまの自分を超えるために僕が課しているルールのひとつだ。

その場では、感情的になって、自分の当たり前に左右されてしまうかもしれない。でも、そういう心構えを持っておくことで、いままでの自分の当たり前の枠を取り払い、また新たな自分に出会えるきっかけを作るようにしている。

12

「型」や「ベース」が邪魔になることもある

所属クラブのない〝浪人生活〟を経てスコットランドのダンディー・ユナイテッドへの加入が正式に発表されたのは、2015年末のことだった。

オファーが届いたのは10月の終わり。正式決定まで2カ月かかってしまったものの、僕にとっては念願の新天地だ。気持ちの高ぶりを抑えられなかった。

ヨーロッパのサッカーに詳しい人なら知っていると思うけれど、スコットランドを含めたイギリスは、外国人選手に労働ビザを発給するためのハードルがかなり高い。それでも、ビザにも種類があり、選手はもっと早く取れるビザを申請することが普通なのだが、当時ヨーロッパ以外の外国人選手を取ることに慣れていなかったチームは、一番取ることが難しい種類のビザを申請してしまった。クラブとの交渉は合意に達しているのに、正式発表までに予想以上の時間がかかった。もちろん、正式決定するまではチームメイトと一緒に練習することさえ認められない。そんな時間が2カ月も続いた。

その間のトレーニングは、ＧＫコーチとマンツーマンで行われた。「加入についての正式発表がされていない」という理由から隠れるようにしてトレーニングするしかなく、チームメイトとのコンタクトさえも認められない。所属クラブが決まったことは確かに嬉しかった。ただ、チームに本格合流するまでの2カ月間は、体力的にも、精神的にも、コンディションを維持するのが難しい日々だった。

こんなこともあった。

その年の年末、ビザを発給するための「アイエルツ」という英語のテストが予定されていた。ところが、年内最後のテストへの申し込みが締め切られていると知り、マネージャーが慌てて奔走《ほんそう》することで、なんとか年内最後のテストを受けられることになった。あの時、もしそのタイミングでテストを受けられなかったら、ダンディーへの正式加入はさらに数週間遅れていたと思う。

この移籍は、僕にとってとてもポジティブだった。もしかしたら、かねてからの目標だった「成長するためのチャレンジ」ができるかもしれない。そう感じていた。

その理由は、レスター・シティへの練習参加にあった。

知ってのとおり、2015-16シーズンのレスターは、なんとプレミアリーグの王者になった。トレーニングはとても刺激的で、シュートスピードの速さはベルギーでは考えられないほど。プレミアリーグのレベルの高さを目の当たりにした僕は、初めて練習に参加した日から「こんなところでプレーしたら、成長しないわけがない」と実感した。もちろん、このチームで活躍し、タイトル獲得にも貢献したオカ（岡崎慎司）をうらやましく思った。

オカとは代表の合宿では普段なかなか話せないようなこともいろいろと話した。

ＦＷとして結果を残したドイツを飛び出して、イングランドで挑戦しているオカを間近で見ることは、自分の挑戦に照らし合わせて見ているようで心強かった。

チームに合流して３日目。急に熱が出て、オカに薬をホテルの部屋まで持ってきてもらった思い出も。チーム練習が休みの日だったからよかったが、「テストに来てんのに寝込んで何しとんねん」と、ふたりで笑ったりもしていた。

話を戻すと、練習から少しでも気を抜けばキャッチミスしてしまうほどのシュートの連続だった。スピードやボールの重さ、そして、シュートそのものの質の高さは、それまでの環境とは次元が違う。きっと、彼らは「それくらいのレベルでやらないと練習にならない」という感覚で、子どもの頃からずっと続けてきたのだろう。ユース所属の選手も同じ感覚でトレーニングに臨んでいて、どのポジションの選手でもシュートに対する意識が高い。その気迫に押されて、ＧＫとしてゴールマウスに立つ自分も「何がなんでも止めなければ」という気にさせられた。1本1本がすべて全力だ。GKのセービングには正解とされる〝型〟がある。1本1本がすべて全力だ。

るけれど、そんなことを気にしている場合ではなかった。

僕の経験から言うと、日本のGKは、小さい時からシュートを止めるための〝正しい型〟を教え込まれる。その型ができるかできないかが重視され、型ができて初めて、その先の速いボールを止める技術に進めるという印象がある。

でも、あの場所では正しい型なんて気にしていられなかった。どんな型でもいい。とにかくあのスピードのシュートを止めなければ話にならない。シュートを受けた瞬間にいままでにないくらいのワクワク感を覚えた。

もっとも、そんなハイレベルに感じたトレーニングも、ただ「楽しい」と感じていたわけではない。所属クラブがない自分にとっては、その練習参加は、自分を売り込むための大きなチャンスだ。飛んでくるシュート1本1本が、自分の未来を左右する。僕はその1本1本のシュートに必死に食らいついた。

僕は「こういうところでプレーすることでさらに成長できる」と強く思いながらゴールマウスに立っていた。

ちょうどレスターで練習参加していた頃、スコットランドのダンディーと、オランダのあるクラブから打診があった。オランダのクラブは経済制裁の管理下にあるクラブで財政的に厳しいということで進展しなかったけれど、僕にとってスコットランドのダンディーは同じイギリスのサッカー、つまりイングランドのプレミアリーグとの共通項を感じられるクラブでもあった。すぐにポジティブな印象を持つことができたのは、もちろんレスターでの練習参加の経験があったからに他ならない。

確かに、プレミアリーグと比較すれば、スコットランドリーグのレベルは落ちるだろう。でも、同じイギリスだからこそ〝意識〟の部分で似ているところはきっとあるはず。そんな期待に胸を膨らませて、僕はスコットランドへと向かった。

それは、ある意味、ＧＫとしての自分が長い年月をかけて作り上げてきた〝型〟を、一度リセットしようとするチャレンジだった。

13

嫌い、には伸び代が潜んでいる

実は、僕はサッカー選手でありながら走るのが大嫌いだった。

ただ走るだけのトレーニングは基本的に大嫌いで、そういうメニューを課せられると、表情には出さないようにしているとはいえ、心の中ではいつも「勘弁してくれ」と思っていた。

ところが、そんな僕が走らざるを得ない状況に追い込まれた。

スタンダールからの移籍先が見つからずに〝浪人生活〟を過ごした2015年秋。朝起きて、朝食を摂って、外に出て車のハンドルを握っても行くところがなかった。サッカー選手がひとりでできるトレーニングは限られている。ジムか、公園か、または森に行って走るか。僕は仕方なく走ることにした。

当時は、1日のスケジュールを完璧に決めていた。

朝起きたら、まずは自宅の掃除をする。朝食を摂って、時間になったらトレーニングを始める。主に自宅で、筋トレ中心のメニュー。それが終わったら昼食を作り、食べ、1時間ほど昼寝をする。起きたらその後は公園か森に行って、ひたすら走る。それが終わったら、壊れていた洗濯機を回す代わりにコインランドリーへ行き、スーパーに寄って晩御飯の買い物。それが終わったら、洗濯物をピックアップする。もしも、晩御飯を自分で作りたくなければ出来合いのものを食べ、夜は日本にいる家族に電話をして、風呂に入ってヨガかストレッチをして眠りにつく。

ずっと、ずっと、その繰り返しだった。とにかく何かをやっていないと頭がおかしくなりそうだったから、スケジュールをきっちり作ってそのとおりに動いた。

車のハンドルを握るたびに思い知らされたのは、直面している現実の厳しさだ。スタンダールではイヤな思いをたくさんした。だけど、サッカー選手でいられること、自分の好きなことを仕事にして毎朝練習場に向かえる喜びがどれほど大きなものだったか、そんな思いが毎日のように頭をよぎる。

走ることは苦しかった。10分も走ればすぐに息が上がってしまうけれど、それでも走らなければならないから、なんとか我慢して30分は走るように努めた。苦しくて、苦しくて、仕方がない。走らなくても苦しい思いをしているのだから、「なんでこんなに苦しまなきゃいけないんだ」と心の中でつぶやいた。それでも黙々と走り続けた。

ひとりきりで走る毎日の中で、小さくない変化もあった。少しずつ、わかってきたことがある。

そもそも僕は走ることが向いていないのに、必要以上に頑張ろうとするから苦しいのだ。欲張って、「トレーニングのため」とスピードを上げようとするから苦しくなる。

逆に、欲張らずにスピードを抑えながら走ってみると、自分のペースを保てばいくらでも走れることに気づいた。走るのが苦手な自分でも、無理をしなければ30分でも1時間でも平気で走れた。もしかしたら、速いペースで走って30分もたずにやめてしまうより、自分のペースでゆっくりと1時間走ったほうが前に進んでいるのかもしれない。そう思った。

大切なのは、自分のペースで前に進むことだ。途中でやめてしまうくらいなら、ペースを乱さず、自分のペースで走り続けたほうがいい。当時の僕が直面していた境遇《きょうぐう》に重ねて、なんだか妙に納得した。焦る必要はないんだ。

それ以来、走ることが好きになった。

コンディション調整の意味においては、ちゃんと走っているほうが調子がいい。それに気づいてからは積極的に有酸素運動を取り入れるようになり、自分なりのコンディション調整方法を見つけられるようになった。

いまとなっては、〝走るポテンシャル〟における僕の成長ぶりは著《いちじる》しい。一昨年より去年、去年より今年と、年齢を重ねるごとに走れる量は着実に増えている。そのきっかけは浪人時代の何者でもない僕がただ森を走るというおかしな状況だったけれど、なりふり構わずに走っていたら走れるようになってしまった。

嫌いなことにトライしてみる。すると、そのことが自分に新しい可能性をもたらしてくれることがある。そうして生まれた新しい可能性には、それまでの「嫌い」を「好き」に変えるパワーがある。

人は、年齢や経験を積み重ねるうちに、自分の能力を決めつけてしまいがちだ。でも、自分の限界を決めてしまうことは、成長を止めてしまうこととイコールの関係にあると思う。

いまの僕は「嫌い」をそのまま放置しない。それを「好き」に変えることができれば、自分の可能性を大きく広げることができると知ったから。

14

1冊の本を100回読み込む

気分を変えて、最近少し変わってきた僕の読書のスタイルの話でもしようと思う。

それまでは、自分にない新しい考え方に触れることを目的としていた。だから読んだことのない新しい本が好きだったし、小説も、自己啓発本も、自分にない発想や考え方のものを好んで手に取っていた。少しでも興味が湧けば次々と手に取って、どんどん読み進める。そういうスタイルだった。

でも、最近の僕はそれとは真逆のスタイルで読書を楽しむようになっている。

人間は忘れやすい生きものだ。せっかく蓄《たくわ》えた知識もすぐにどこかに消えてしまう。特に、僕は忘れやすい性格で、例えばメールの返信なども遅い（忘れてしまうことも……）。そんな性格だからこそ、ふとした時から疑問を持ち始めた。

一度読んで「ためになったな」と思う本が、本当に自分のためになっているのか。むしろ、その時、その瞬間だけ感じる「読み終えた」という達成感、つまり自己満足にすぎないのではないかと。

なんの確証もない推測だけれど、たぶん、本を読んでその内容を自分のライフスタイルで実践する人は全体の15％くらいしかいないのではないかと思う。さらに言えば、実践して、本当の意味でそれを〝自分のモノ〟にできる人はそのうちの５％くらい。もちろん僕は、その５％に該当《がいとう》しない。これまでたくさんの本を読んできたけれど、〝モノにした〟と思えるのはほんの一部だけだ。

そう考えると、読書の効率がとても悪い。ならばむしろ、その本の内容が自分にとってどれだけ新しいものでも、感覚的に「自分には合わない」と感じるものは最初から読む必要がないのではないか。そう思い始めた僕は、新しいものを吸収しようとして、次から次へと一度限りの読書をする習慣をやめた。その代わりとして定着しつつあるのが、本当に自分に合う本、本当に好きな本を、１回ではなく１００回読むというスタイルだ。

以前から「自分に合う」と感じた本については、一度限りではなく、たまに読み返すことで〝自分のモノ〟にした気になっていた。

でも、それじゃダメなのではないか。内容をしっかりと理解し、吸収し、実践できたと感じるまで何度も読まなければ、その読む価値のある1冊と向き合う意味がない。「１００回」というのはあくまで目安だけれど、それくらい何度も読み込む。

例えば、ベンジャミン・フランクリンについての『成功のためのフランクリン13の徳目』(中里至正／ごま書房)という有名な本がある。スラスラと読めてしまう本だから、一度の完読ならあっという間に終わってしまうだろう。でも、1カ月も経てば、自分の中に取り込んだはずの何かが抜け落ちてしまう。

だから僕は、1週間にひとつずつ実践するように心がけ、1週間の終わりに本当にできたかどうかを自己評価する。そうやって13週かけてじっくりと本を〝自分のモノ〟にする。それくらい真摯《しんし》に向き合わないと、すぐに忘れてしまうから。

そうやって言葉で説明すると、自分でも「窮屈な生き方だなあ」と苦笑いしたくなる。でも、興味が湧いたもの、好きなものに対してはそれくらいの熱意を持って向き合わないと本当に自分のためにならない。

苦しい状況でこそ規則正しい生活を実践することの大切さも、本からヒントをもらった。『無人島に生きる十六人』(須川邦彦／新潮文庫)は、船が遭難《そうなん》して無人島にたどり着くストーリーだ。16人の船員がどのようにして生き延びたかを綴《つづ》った物語には、追い込まれた状況でどのように振る舞うべきかのヒントがたくさんある。

スケジュールを決めて、それに従う。自分がどんなに苦しい状況に置かれても、自分より苦しく厳しい状況に置かれた人がいることを考えて卑屈にならない。僕自身、そういう状況に直面して、笑い話にできるくらい前向きに生きようと思えたのはこの本の影響が大きい。

もうひとつは浪人時代に読んだ本で、『ある日突然40億円の借金を背負う――それでも人生はなんとかなる。』（湯澤剛／ＰＨＰ研究所）。父親の会社が潰《つぶ》れて、それまで普通の生活を送っていた人が40億円の借金を背負う。社員のために主人公が奮闘する物語は、実話だからこそリアリティがあり、学べるポイントがたくさんある。

こういう本を読んで、つくづく思う。

どんな世界でも、本当の意味で生き残っていけるのは、〝価値のある人〟なのではないかと。ここで言う「価値」とは、時代に流されない生き方をしているからこそ得られるもの。完全に個人的な意見だけれど、時代の流れに従ってばかりいたら、つまり長いものに巻かれるような生き方をしていたら、新しい価値、本当の自分らしさを示せないまま人生が終わってしまうと僕は思う。

だからこそ、もし本当にやりたいと思うことがあるのなら、どんなに苦しくてもチャレンジするべきだ。そこで感じたことを糧にして、その糧をオリジナリティに変えながらどんどん突き進めばいい。

それこそが人生の醍醐味《だいごみ》なのではないかと思う。もし、それもなしに、うまくいかないことを自分以外のせいにしていたら、それこそ、自分の人生になんの意味も見いだせなくなってしまう。

15

急がず、慌てず、焦らず

ここまで何度も「成長」や「変化」という言葉を繰り返し使ってきたけれど、一方で、人間、そう簡単に成長したり、変化したりするものではないとも思う。

僕自身、選手として、GKとしてはたくさんの課題を抱えているし、ひとりの人間としても足りないところを挙げればキリがない。どんなに多くの経験を積んでも弱い部分はたくさんあるし、苦手なこと、いつまで経っても治らない癖《くせ》のようなものもある。

すごく小さなことかもしれないけれど、「読書」についての項でも触れたとおり、とにかく忘れやすい。子どもの頃から忘れ物が多いタイプで、出かける時は玄関に持ち物をすべて用意しておかないと必ず何かを忘れてしまう子だった。昼寝をしないとその日のコンディションが整わないし、メールの返信もとにかく遅い。それらはまったく治る気配がない。

サッカーに関してもそうだ。やろうと思っているのにやれないことなんて、いくらでもある。そういうことに対しては、「どうしてできないんだ！」とイライラして自分を責める。

だからずっと、僕は真剣に自分はどうやったら成長できるんだろうと、日々頭を悩ませている。もっと成長したい。でも最近になってそんな自分の中で、ひとつの答えのようなものを導き出せた。

1日1％。昨日より成長することだけに集中する。

人間なら、誰だって成長したいと願う。

昨日より今日、今日より明日。でも、毎日20％成長したって、朝になって目が覚めたら、スーパーマンになっているわけではないし、スーパーマンでい続けられる保証なんてどこにもない。

メスに移籍して、ほとんど試合に出られなかった1年目、僕は毎日のように成長する自分の姿を思い描き、朝起きて、練習に行って、意気消沈して帰ってくる毎日を過ごしていた。あまりに強く意気込みすぎてしまうサイクルに入ると、具体的に何が成長して、何が成長しなかったのかさえわからなくなってしまう。仮に20％の成長を遂げたとして、その20％がどういう内訳で構成されているのか、わからないまま翌日を迎えてしまうという具合に。

だから、割り切って考えることにした。

毎日の成長率は1％でいい。前日のトレーニングで1本目のシュートにうまく対応できなかったら、今日のトレーニングでは、次の試合で起こり得る開始1分のピンチをイメージしながら1本目のシュートに集中する。今日のトレーニングで60分を過ぎた時間に集中力を欠いてしまったら、明日はその集中力をいかに持続させるかを考え、それを実践する。

自分に求めるものはたくさんある。それをどんどんクリアして、できるだけ早く成長したいと考えるのは自然なことだ。でも、一度に多くの課題をクリアしようとする必要はない。そもそも、僕はそれほど器用じゃない。だから、昨日よりほんの少しだけ成長した自分を、たったひとつでいいから見つけられればいい。それによって「1%の成長」を実感できれば十分だと思う。

スポーツをする上で、プレーの目標を設定するのは難しい。今日シュートを全部止めても、明日全部止める保証はない。

だからGKコーチと向き合って、わかり切ったボールを処理しながら、コーチのキックミスで軌道が変わることを頭に入れる。弾くボールなのか、難しくてもキャッチするボールなのかを1本1本判断する。それが予測できていたのか、ただのリアクションなのか。リアクションの後どこにボールを弾けたのか。ピッチが濡れている時のセービングの角度と、普通のグラウンドでのセービングの角度はまったく違う。腕の使い方ひとつをとっても、セービングしてからの立ち上がり方をとってもそう。どれだけ単調なメニューでも集中力を切らしてしまったらその時点で負け。6本連続でシュートをセーブするトレーニングがあったら、6本に対してテーマをつける。開始1分、前半終了間際、試合終了間際。開始1分のイメージのシュートを決められてしまったら、次の日はもう一度同じイメージでより高い集中力を持って臨んでみる。

成長の角度は高くなくていい。1日1%。これを実現することに集中すれば、着実に成長できると僕は信じている。そこには毎日のように自分の弱さと向き合い続けなければならない難しさもあるけれど、急がず、慌てず、焦らず、1日1%の成長を実感できることが、選手として、人間としてのモチベーションに直結することを感じている。

16

肩書きに左右されない

たとえ話として、よくこんな話をする。

日々の生活においても、僕は隣にいる誰かがコーヒーを頼んだからといって「じゃあ僕も」とはならない。大袈裟かもしれないけれど、その時、自分が本当に飲みたいものはなんなのか。それをちゃんと理解して、オーダーすることが大事だと僕は思う。結局、人生はその積み重ねだから。

選択を迫られた時、僕は必ず自分の心の声に耳を傾ける。その瞬間の自分にとって、本当にやりたいことはなんなのか。心は何を求めているのか。その声が聞こえたら、純粋に従い、たとえ導き出した答えが他人から見て正解じゃなくても、自分の心に素直な決断を下そうとする。

うまくいくかどうかなんて、やってみなければわからない。うまくいかなかったからといって、悲観する必要もない。大切なのは、後悔しない決断を下すこと。それさえはっきりしていれば、自分の下した決断によって、新しい自分に出会えることもきっとある。

何が言いたいのかというと、僕は、どんな時でも常に自分らしくありたい。自分の中に決してブレない軸のようなものを持っておきたい。ひとりの人間としても、GKとしても。

GKとしての〝軸〟ではなく、GKに対する考え方や見方はブラジルW杯以降の4年間で大きく変わった。

自分が突き詰めようとするレベル、目標とするものが4年前とはまったく違う。

いいプレーとは何か。悪いプレーとは何か。以前はそこがボヤけていて、「ベルギーでプレーしている」や「スタンダールでレギュラーを張っている」という表面的なことにとらわれていた。その一方ではベルギーやスタンダールでプレーしていることが自信に繋がっていたところもあるし、精神的にはそれに支えられていたところもあったかもしれない。ただ、いまになって振り返ると、やはりあの頃の僕は表面的な部分、つまり肩書きのようなものにとらわれすぎていた気がしてならない。少し極端な言い方をすれば、スタンダールでレギュラーを張っているからといって、自分が目指すGKになれたわけじゃない。もっと言えば、チャンピオンズリーグで優勝するチームのGKになれたとしても、それだけを判断材料として「理想的なGKになれた」と断言することはできない。

いまの僕は少し違う。ゲームの中で実際にどのようなプレーをするか、どういう自分を見せられるか、その瞬間に何を意図して、なんのためにそのプレーを選択したのか。それを自分の中ではっきりと理解しているし、そうした基準に従って自分自身を客観的に評価するように努めている。おそらく、GKというポジションの選手にとって、それができるかどうかの差は大きい。

たとえば、チームの調子が良く、多くの仕事がない中で、どのGKがどんなプレーができるのか。数少ないプレー回数の中で、最高のプレーが求められる。でも、最高のプレーの基準とはなんだろうか。

チームの調子が良くない時に、失点を多くしてしまったとする。GKだから負けたことを悔やむのは当たり前だし、失点が多ければ自分を責めるだろう。そんな中で勝っても負けても、自分自身を客観的に評価する目が求められる。

環境に左右されずに成長できる選手は、やはり精神的な芯がしっかりとしているのだろう。自分の中にある基準が絶対にブレないから、「この試合は良かった」「あの試合は悪かった」という他者からの評価を超えて、自分の基準に従ってブレずに前に進もうとする。そうした基準は、選手としての「フィロソフィ」や「アイデンティティ」と言い換えられる。
結局、選手にとって大切なのは、それを持っているかに尽きる。

自分の中にはっきりとした良し悪《あ》しの基準があって、初めて相手との駆け引きが成立する。ただ本能的に反応してシュートを止めた、止められなかったという事実の積み重ねではない。自分自身の哲学を相手にぶつけて、シュートを止められる可能性をどこまで高められるか。いまの僕は、そのことしか考えていない。

所属チームがなくなるということは、その選手のレベルを表現するものがなくなるということだ。それまでの僕は「ベルギーでプレーしている日本人ＧＫの川島」や「スタンダールの川島」、あるいは「日本代表の川島」で、そういう肩書きによって、ヨーロッパリーグやチャンピオンズリーグ、Ｗ杯に出場できるかもしれないレベルのＧＫであることをわかってもらえた。

でも、チームがなくなれば単なる日本人ＧＫでしかない。だから自分自身の肩書きのようなものに振り回されているようでは、本当に突き詰めなければいけないことは見えてこない。

ヨーロッパリーグでプレーできるＧＫ、チャンピオンズリーグでプレーできるＧＫが、いったいどんなレベルにあるのか。まずはそれをしっかりと理解することからすべてはスタートする。目標が定まれば、そこから逆算すればいい。自分の武器がどこにあり、逆に弱点がどこにあるのかを突き詰めて考え、ひとつずつ丁寧《ていねい》に改善することで自分の成長を促《うなが》せばいい。そう思えるようになったことは、ブラジルＷ杯以降の４年間における大きな変化だった。

やはり、きっかけは〝浪人生活〟にある。

ベルギーで５年間。国内では優勝を狙うスタンダールに所属してレギュラーとしてプレーした。日本代表としてはＷ杯に２度出場させてもらった。言葉も話せるからチームメイトとのコミュニケーションも問題ないし、エージェントとは直接のやり取りができる。そんな自分自身のステップアップを期待していたけれど、移籍マーケットでどんなに頑張っても、自分が目標とする５大リーグに飛び込むチャンスはめぐってこなかった。可能性だけは次から次へと浮上するのに、どれだけ待っても実現しなかった。

自分はできると思っていた。５大リーグで通用する自信が確かにあった。それなのに、最後の最後まで受け入れてもらえなかった。となれば、自分の意識と現実の間にあるギャップはなんなのか。ベルギーでプレーできるのに、5大リーグでできない理由はどこにあるのか。そのことを自分の中で突き詰めようとする姿勢がなければ、きっと次のステップには進めなかった。

もちろん、所属クラブを失った自分に「どこでもいいから」という気持ちがなかったわけじゃない。でも、スコットランドに行くことができたのもその考え方があったからこそ。自分が一歩先に進むために必要なものを考え、それを手に入れられると思ったからこそ新天地にスコットランドを選んだ。どんなに苦しい状況でも、歯を食いしばって新しい環境に飛び込まなければ、自分自身のレベルアップは期待できないと考えていた。

結局、移籍先が決まらずに苦しんでいた時間が、僕にいろいろなヒントを与えてくれた。イタリアのノヴァーラでは、「自分の感覚が正しい」と思えることもいくつもあった。18歳でイタリアに留学した時は、言われることをすべて受け入れていたし、シュートの止め方、ボールアタックの仕方をいくつも学んだ。

GKコーチからも徹底的に教え込まれた。でも、ベルギーを経験したことで、その学んできた形も時代とともに、現代サッカーの進化やスピードの変化において、変わっていくものなのだと気づかされた。

18歳の時学んだスタイルが、いま、正解だとは限らないと感じた。

イングランドのレスターでは、練習からとんでもないシュートが飛んできた。そのシュートを止めるためには、あるいはキャッチするためには、自分がどんなアイデアを持って対峙しなければいけないのか。そんなことを毎日の練習の中で考えさせられたし、まだまだ自分の未熟さを痛感した。練習生として参加したわずかな期間だったけど、日々のトレーニングにものすごいヒントが詰まっていて、自分に欠けているものがはっきりと見えた。


いまの僕は、以前の僕とは大きく異なる。所属クラブや過去の成績、日本代表として長くプレーしてきたという肩書きに左右されることはないし、自分の中にブレない基準を持って、その瞬間に何が必要なのか、自分自身が何を求めているのかを考えることができる。そういう自分になれただけでも、心を大きく揺さぶられたこの4年間には大きな価値があった。

17

常に強い責任感と覚悟を抱《いだ》く

２０１５年夏、スタンダールを退団して次の所属クラブが見つからなかったことで、７年ぶりに日本代表から外れた。

このタイミングでスタンダールを離れることは、１年前から頭の中にあった。でも、代表から離れることは考えていなかった。移籍して、新たなチャレンジをして、そのチャレンジを通してまた代表に何か還元《かんげん》できるものがあるのではないか。そんなイメージだけを持って日々のトレーニングに取り組んできた。

焦る気持ちは、時間の経過とともに強くなっていった。９月にはアジア２次予選が控えていたし、遅くとも７月には新天地を決めていたいとも思っていた。移籍先が決まらずにイタリアのノヴァーラで練習をさせてもらっていた時も、コンディションをしっかり作っていられるように毎日２部練、時には３部練まで一緒にやっていた。心の中では、「自分のチームじゃないのに２部練やるのか！」なんて笑いながら。

でも、結局、僕自身の準備が整わなかった。移籍先が決まらなければ所属クラブがない。所属クラブがなければ、試合もできないし、コンディションが良くないと思われるのは当然のことで、代表に呼ばれないことも受け入れるしかなかった。
２０１５年９月、W杯アジア２次予選のカンボジア戦とアフガニスタン戦に臨む日本代表のメンバーリストに、僕の名前はなかった。

７年ぶりに自分がいない日本代表を見ることよりも、そこに自分がいられたかもしれないと思う自分が嫌だった。その状況を作ったのが紛れもなく自分自身であるということが、やはりやるせなかった。直面する状況を受け入れているとはいえ、心の中はそんな気持ちだった。

ただ、日本代表はそういう場所であるべきだと思う。代表に入りたいからといってチームを選択することがいつでも正しいとは限らないし、たとえ所属チームで試合に出ていても、パフォーマンスが良くなければ呼ばれるチームでもない。どれだけ力があっても、いることが保証される場所でもない。
日本代表のポジションを〝自分のもの〟と考えてしまうなら、そこにいる資格はない。心からあこがれている場所だから、誰もがあこがれる場所だからこそ、日の丸を背負う日本代表という場所はずっとそういう場所であってほしい。

日本代表は、例えばW杯なら日本でたった23人の選手だけがメンバーリストに名を連ね、日の丸を背負ってピッチに立つことが許される場所だ。だから日本のために全力を尽くさなければならないし、そのためには常に最高の努力を続けなければならない。W杯の最終メンバーに入ることがどれだけ大変かを、僕たちは忘れちゃいけない。ポジションが保証される選手なんて、ひとりとしているはずがない。

だから、あのタイミングで僕が外れたのは、とても自然なことだったと思う。自分に対する腑甲斐なさや悔しさはあっても、選考に対して不満を抱くことはない。日本代表のユニフォームを着続けることの難しさを理解しているからこそ、監督の決断に対する失望はなかった。

僕にとって、日本代表は〝夢〟だ。僕だけじゃなく、すべての選手にとっての夢であってほしい。呼ばれることも、試合に出ることも当たり前じゃない。それは常に勝ち取っていくもので、勝ち取ることを維持しなければならないものだと思う。

そういう思いは、35歳になって、3度のW杯を経験したいまでもずっと変わらない。日本代表はすべての日本のサッカー選手にとってのあこがれの場所。あれだけ選手として結果を残してきたヤットさん（遠藤保仁）や（中村）憲剛さんに聞いても「選ばれたい」と答えるのではないかと思う。日本代表には、どんなにすごいことを成し遂げた人でもずっと変わらないあこがれを抱く。そんな場所だ。

もし自分が日本代表のゴールマウスに立つのなら、そういうみんなの思いを受け止めてピッチに立たなければならない。それだけの責任と覚悟がなければあの舞台でプレーできないし、その力があることを証明し続けて初めてピッチに立つことを許される。特別なプレッシャーを受けることはその代償《だいしょう》で、それを乗り越えて結果を出すためには並大抵ではない覚悟が求められる。

「呼ばれることが当たり前」になるのではなく「常に新しい何か」をチームにもたらさなければいけない。

長く代表でプレーさせてもらい、数多くの試合を経験させてもらって、その重みは嫌というほど理解しているからこそ、持つべき覚悟もわかっている。

もしあのタイミングで自分のポジションがなくなるとしたら、自分はそこまでの選手だったのだろう。それでも、あの頃の自分には、もっと大きな何かを手に入れたい、もっと高いレベルでやりたいという意欲があり、それを手に入れるために本気で自分のプレースタイルと向き合った。その結果として日本代表のポジションがなくなるなら、それも運命だ。そんな覚悟を持っていた。

もちろん、あきらめるつもりはなかった。チャンスをもらえれば、絶対に戦える。その自信だけは失わなかった。

日本人GKとして、そして日本を代表してプレーすることへの責任と覚悟は、誰よりも持っているつもりだ。1年近く日の丸から離れても、プライドは捨てなかった。

18

自分を信じ抜く

人生も、サッカーも何が起こるかわからない。たった1試合を見てもそう。ほんの小さなきっかけで流れはガラリと変わるし、たったひとつのゴールで試合が決まる。

GKの面白さは、そこにある。試合の流れを決定的に変える。それができるポジションであり、その瞬間に最高の興奮がある。ストライカーがゴールを決めるのと同じように、GKがシュートを止めることでゲームの流れを引き寄せることができる。

僕はその瞬間のために生きている。

たまたまGKというポジションを僕は選んだけれど、GKとしてだけでなく、サッカー選手としていつも人が感動するプレーをしたいと思っている。その試合が、W杯の1試合でも、フランスリーグの1試合でも、知っている人が誰も目にしないようなリザーブリーグの試合でも。

小さい頃から「プロサッカー選手になりたい」「日本代表になりたい」「海外でプレーした

い」という夢があった。でも、それは子どもなら誰もが思い描く漠然とした夢で、特別なものではなかった。

いまの自分が抱く夢も、あの頃とは変わらないのかもしれない。

所属クラブがなくなった時、こう思った。

「自分が信じる道を進んで、日本代表に呼ばれなくなるなら、それは仕方がない」

夢は夢として、日本代表のゴールマウスに立ち続けたいという思いはある。でも、自分がその立場にいられなくなるなら受け入れるしかない。

だからといって自分が追い求める夢、進むべき道をあきらめる必要はない。あの頃の自分には、もっと高いレベルでプレーしたい、もっと高いレベルでプレーできるという感覚があり、それを疑うことはなかった。

日本代表のＧＫというポジションは、その先にあるのだと思う。自分自身が常に進化し続けなければ、いままでと同じ自分だったら、そのポジションを手に入れる資格も価値もない。もし自分が日本代表のいちファンであるなら、進化し続けようとしない選手にゴールマウスを守ってほしいとは思えない。ただ日の丸を背負うことだけを考えて夢をあきらめるような選手なら、日本代表にふさわしくない。

あの時、自分の信念を曲げて所属クラブを決めてしまえば、日本代表から離れる〝空白の1年〟はなかったのかもしれない。正直に言えば、日本代表の一員じゃなくなる自分を想像することが怖くて仕方がなかった。それまで守ってきたもの、努力してつかんできたものを失ってしまうことが、怖くて仕方がなかった。

それでも僕は、自分を信じ続けた。追い求めるものに集中することができた。このまま必要とされなくなるのなら、仕方がない。でも、この道を突き進まない限り、いま以上の自分にたどり着くことはできない。そう確信していたからこそ、いまの自分ではなく、未来の自分のために決断することができた。厳しい時期を支えてくれたのは、そんな思いだった。

あの経験を通じて思う。チャレンジしないで終わるより、チャレンジして失敗するほうがずっといい。失敗しても死ぬわけじゃない。サッカー人生が終わるわけじゃない。この先の人生でチャレンジしなかったことを悔やむより、「チャレンジしたけどダメだったな」と笑えるほうがずっといい。

やりたいことがあるなら、覚悟を決めて勝負したい。夢があるなら、それを絶対にあきらめたくない。この8年間の僕の原動力は、そんな思いだった。

第三章

ひたすら耐え忍んだ、浪人時代

これ以上、同じ環境でプレーし続けられない

ブラジルW杯からロシアW杯まで、この激動の4年間を振り返る上で、2015年夏に経験した浪人時代を無視することはできない。僕がなぜ、所属クラブを失う浪人時代を経験することになったのか。そこには、ヨーロッパでプレーする日本人GKの現実があり、僕自身が実際に経験した移籍マーケットの難しさがある。そして、ロシアW杯のピッチに立った僕のことをもっと深く知ってもらうために、欠かせないストーリーがある。この話が日本サッカー界や日本人GKのためになると信じて、きちんと順を追って説明したい。

2014年、ブラジルW杯の終了と同時にものすごい虚無感を抱いていた僕が、その感情を引きずったままプレーしていたことは確かだ。でも、一方では自分がもう1段階レベルアップできそうな手応えもあり、チャンピオンズリーグ本戦に出場できるかもしれないという

チーム状況もモチベーションになった。

あの時、もし、チャンピオンズリーグ本戦に出場することができたら、クラブとの契約を更新しようと思っていた。そうじゃなければ、これ以上残る必要はない。そう考えていた。自信はあった。手応えもつかんでいた。それなのに、自分でも信じられないプレーが続いた。

あの時、人生で初めて、ゴール前に立つのが怖くなった。

また批判されるんじゃないか。プレーをすることそのものが、よくわからなくなっていた。そうこうするうちに、スタメンを外されて試合に出られなくなった。ピッチに立てなくて「半分ホッとした」という感情を抱いたのは、人生で初めてのことだ。


自分でも気づかないところで、かなり疲れていたのかもしれない。

ベルギーリーグの開幕はヨーロッパの中でも特に早い。だけどレギュラーシーズンが終わると順位決定のプレーオフがあるため、シーズンが終わるのは遅い。

2010年にベルギーに移籍してから突っ走ってきた。シーズンオフ中には日本代表の試合に臨み、シーズンオフは2週間ほどしかない。

ベルギーに戻れば、身体を作る準備期間であるプレシーズンも過ごさないまま、すぐに試合のサイクルに入っていく。

12月のウィンターブレイクも短く、日本に戻ることもなかなかできない。さらにスタンダールでヨーロッパリーグがあった時は、丸々1日オフがあるのは、2~3カ月に一回だった。それを4年間も続けていた。気持ちのリフレッシュをする時間なんてほとんどなかった。それでもやってくる試合でモヤモヤした気持ちを払拭《ふっしょく》することはできるけれど、長いシーズンを戦う上では長くは続かない。

自分でも知らないうちに気持ちをコントロールすることができなくなっていた。

ヨーロッパでプレーしていること、日本代表の一員としてプレーできることに大きな価値を感じていた。だからこそ、そんな環境にだって充実感をいつも持って臨んでいるつもりだった。でも、定期的に身体を診てもらっていたトレーナーさんには、この頃、いつも「疲れた」とこぼしていたらしい。さすがに受け止めきれなかったのだと思う。肉体的にも、精神的にも。

ブラジルW杯までの道のりと、本番で突きつけられた現実。そこで感じた虚無感と、その後に訪れた異変。それらを完全に理解するのは難しかったけれど、いまとなっては、あの頃に蓄積した経験がその後の自分を形成する上で大きな意味を持っていることは間違いない。

いずれにしても、このまま同じ環境でプレーし続けることはできなかった。虚無感とは裏腹に感じていたステップアップへの手応えを信じて、僕はスタンダールを去ることを決めた。

魅力的な可能性を求め、ひたすら信じて待ち続けた

スタンダール3年目の2014－15シーズン、リーグ戦はたった11試合にしか出場することができなかった。この年は3年契約の最終年で、クラブとはシーズン開幕当初から契約延長について話をするようになった。

ただ、スタンダールに移籍してから起きたいろいろな出来事のこと、プレーヤーとして成長するために必要なことを考えた結果、このチームでプレーし続ける自分の姿を想像することができなかった。

新しいチャレンジをしたいという気持ちは、心の中で固まっていた。年が明けて、1月のこと。僕はローランド・デュシャトレ会長にその意志を伝えた。

僕のことをいつも高く評価してくれた会長には、感謝の気持ちしかなかった。あの時「いつでも契約更新してくれ」と言ってもらえたことは、素直に嬉しかった。会長との交流はいまも続いている。僕が所属クラブがなくて苦しんでいた時もずっとオファーを提示してくれたし、同じく彼が所有しているスペイン2部のクラブにも誘ってくれた。本当に、感謝しかない。

ベルギーで5年間プレーしてみて、新しい環境に飛び込みたい、チャレンジしたいという気持ちは次第に高まっていった。GKとして成長するためには、いままでとは違う何かを手に入れないと前に進めない。そう信じていた。

契約更新を拒否した選手が試合に出られなくなることは、ヨーロッパではよくあることだ。僕自身、2014－15シーズン開幕からしばらく経って秋を迎えると、出場機会を制限され、2015年3月以降は一度もピッチに立つことなくシーズンを終えることになった。

それと並行するように、移籍先を探し始めた。ようやくヨーロッパのマーケットで名前が知られ始めた時期だったし、シーズン終了時にはいくつかの選択肢があった。ただ、「GK

として本当に成長できるクラブ」を考えた場合、手元にあった選択肢にしっくりくるオファーはなかった。

移籍に関する交渉をすべて管理していたのは、僕自身だ。売り込みのあったエージェントと会い、希望を伝え、また別の話を持ってくるエージェントを紹介してもらった。あるいは別のルートから、GKを探しているクラブを直接紹介されることもあった。

可能性を感じる話はいくらでもあった。名前が浸透していたベルギー国内のクラブからはもちろん、別の国のクラブからも頻繁に問い合わせが来る。でも、どれも自分が納得できる選択肢ではなく、断らざるを得なかった。

それでも、〝可能性〟の話は次から次へと浮上した。コンタクトのあまりの多さに自分で管理しきれなくなってしまった僕は、エージェントを絞って交渉を一任することにした。自分に直接来る話も、エージェントに託してルートを一本化した。

クラブ名を出すことはできないけれど、浮上してきた〝可能性〟の中で、はっきりと「行きたい」と思えるクラブがいくつかあった。ただ、そのクラブから正式なオファーを受けるためには、大きなハードルがあった。

2015年夏、あの年の移籍マーケットの目玉は、イングランドのマンチェスター・ユナイテッドに所属していたスペイン人GKダビド・デヘアだった。有力視されていたのはスペインのレアル・マドリードへの移籍で、もしそれが早い段階で決まれば、GKのマーケットでいわゆる〝玉突き移籍〟が起きる。

当時、デヘアの移籍はかなり高い確率で成立すると言われていて、あくまで仮定の話であるにもかかわらず、ある程度の現実味を持った〝興味〟の話が僕のところにも舞い込んできた。デヘアの移籍が成立すれば、この選手があのクラブに行く。すると、あのクラブにはこの選手が行く。その場合、このクラブは川島を取ろうとするだろうという具合に。

その可能性のどれもが、当時の僕にとってはとても魅力的だった。だから、とにかく待つしかなかった。どんなに待たされても、決まりさえすれば新しいチャレンジができる。そう信じていた。

可能性が浮かんでは消え、人生が終わったと本気で思った

しかし、可能性は可能性のまま、2015年の6月が終わろうとしていた。

当然、興味を持ってくれるクラブも、正式なオファーも、いくつもの話が届いていた。例えばフランス1部から降格したばかりの2部のチームは、1年での復帰を目指してオファーをくれた。1年プレーすれば、5大リーグでプレーするチャンスがあるかもしれない。でも、断るしかなかった。デヘアを発端《ほったん》とする〝玉突き〟によって生じる新たな可能性が、一刻も早く現実味をもって動き出してほしい。その期待感が強すぎるあまり、信じて待つしかなかった。

時間がどんどん進み、雲行きが怪しくなってきたと感じたのは7月の終わりのことだ。正直に言えば、その間に断ったオファーはいくつもあった。

自分が理想とする新たなチャレンジができるクラブへの移籍については、7月の下旬にリミットを設定した。そのタイミングで決まらなかったら、別のクラブに行くしかない。トルコとロシアのクラブからオファーがあったが、ギリギリまで待つしかない。

7月下旬を過ぎても動きはなかったが、8月に入って、ギリシャのクラブからオファーが届いた。「いつまでも待っている」というありがたいオファーをもらって、トルコとロシアのクラブには断りを入れた。

8月の2週目、フランス2部の別のチームからオファーが入った。一度はそこへ移籍することを決めた。所属チームがないことには、もうこれ以上耐えられなかったし、もし日本代表のことを考えるならとっくに限界を超えていた。だから関係者には「決める」と伝えて、クラブにはその日の夕方までにこちらから連絡する段取りで話を進めた。

それまで必死に、張りつめた緊張感の中で毎日を過ごしていたから、精神的に追い込まれていたのだと思う。「これでようやく終わる」とホッとした一方で、すぐに複雑な感情に胸が締めつけられた。あれだけ5大リーグにこだわってきたのに、出した結論は自分の納得いくものではなかった。気持ちを落ち着かせるために外に出ると、自然と涙が溢れてきた。不安から解放されることが嬉しくて泣いたんじゃない。悔しくて泣いた。

ベルギーで過ごした5年間、ここまで必死に積み上げてきて、さらに上のレベルで、新たな挑戦ができると信じていた。実際にその可能性が、ある程度の現実味を持って目の前に転がり込んでいた。それなのに、いつの間にか選べる選択肢はひとつしかなかった。追い込まれた自分に残されたのは、手放しでステップアップとは喜べない選択肢だけだった。

ここまでやって、結局それなのか――。

悔しくて、無念で、涙が出た。だから、決意したとはいえギリギリまで交渉成立を意味する電話を入れたくなかった。約束は夕方だ。自分の中では、16時に連絡すると決めていた。それまでに別の可能性が浮上しなければ、電話を入れるしかない。

ところが、15時に電話が鳴った。フランス1部のクラブから正式オファーをもらえるかもしれない。そんな連絡だった。

あきらめられなかった。僕はフランス2部のクラブに断りの電話を入れ、降って湧いてきた可能性に賭けた。8月もすでに半《なか》ばに差し掛かっている。時間はない。でも、待つしかない。

ヒリヒリとした時間が続いたのは、8月だけじゃない。6月も7月もそう。何もかもが思いどおりにいかない現実と向き合い続けた僕は、ずっとイライラしていた。あの感情は、ひとことでは言い表せない。

7月の終わりから滞在したイタリアでは、かつて森本貴幸が所属したセリエBのノヴァーラというクラブで練習させてもらった。その時は周りに何もない練習施設の中で車もないし、バカンスの時期でレンタカーも借りられないから外に食事に行くこともできず、ただひたすら練習して施設内にあるホテルに歩いて戻る。ホテルに戻ればずっと電話を握りしめ、メールをチェックし続ける最悪の時間だった。代理人からは毎日のように「興味がある」という連絡があり、毎日のように「まだ決まらない」という連絡が来る。日本代表の関係者からは「いつ決まるんだ?」と確認の連絡が入ったけれど、「クラブが決まらないと代表に呼べない」と言われても、自分ではどうすることもできなかった。


いまとなれば、もっとシンプルに決断すればよかったと思う。でも、当時の僕には明確な目標があり、そこに足を踏み入れられる可能性がわずかでも見えていたから、どんなに苦しくても待つしかなかった。

結局、期待していたフランス1部のクラブの話は、正式なオファーには至らなかった。その後はイタリアのクラブから「すべて話が整った」とまで言われたが、やはり「ヨーロッパのパスポートを持っていないから」という理由で、それ以上話は進まなかった。

「いつまでも待っている」と言ってくれたギリシャのクラブについては当時、財政面の問題を抱えており、クラブの事情が二転三転する状況だった。８月の下旬、結局このクラブに行くという最悪の場合を想定して残していたはずのオファーもどこかに消えてなくなった。

ヨーロッパのサッカー事情に詳しい人なら、当時ほとんどの国の移籍期限が８月末日に設定されていたことは知っていると思う。

８月の最終週は、あちこちで〝駆け込み移籍〟が実現する。僕のもとにもオリンピアコス（ギリシャ）、アーセナル（イングランド）の３番手として〝候補〟に挙がっているとの一報が届くなど、いくつもの可能性が浮上しては消えた。


そして迎えた、移籍マーケット終了直前の８月31日。移籍交渉を任せていたエージェントと話した。彼はまた新たな可能性として浮上したフランス２部のクラブと交渉中で、ずっと「絶対に大丈夫」と言っていた。加えて、もしその話がまとまらなくても、「契約チームのないフリーの選手はマーケット終了後でも契約できる」と断言した。

でも、それは間違いだった。フィールドプレーヤーなら話はわかる。移籍期限までの補強で編成がうまくいかなければ、フリーの選手を獲得してそれを補うことができる。でも、GKはそのケースに該当《がいとう》しない。移籍期限内に３〜４人のGKを揃えられないなんて、チームとして、あまりにも大きなリスクを背負うことになる。だからＧＫだけは、どのクラブも移籍期限内に編成を固めてしまう。

エージェントは言った。

「絶対に大丈夫だ」

マーケットが閉まると、いままで鳴りっぱなしだった電話がピタリと止んだ。「絶対に大丈夫」というエージェントの言葉を信じて、ノヴァーラを出た僕はパリに飛んで、エージェントと直接会うことにした。フランスの２部のクラブの状況を話すためだ。

しかし、ホテルで会った彼は言った。

「クラブは興味があるが、オファーはまだない状態だ」

一瞬、彼が何を言っているのかわからずに何度も聞き返した。

その時の自分の立場、マーケットが閉まったいま、自分の手の中にはひとつのオファーもない。そのことを認識した瞬間。僕は、席を立っていた。

怒りがこみ上げ、何がなんだか、これが現実なのか、それとも夢なのか、それさえもわからなかった。酒を飲んでいるわけでもないのに、足元はおぼつかなかった。

夢遊《むゆう》病者のようにフラフラとした足取りで僕は自分が滞在するホテルになんとか戻った。

部屋の扉を閉めた瞬間、僕は発狂した。我を忘れて狂ったように声を出した。いや、本当に声を出したのか、それさえもわからない。

気がつくと、僕は部屋の片隅に座っていた。

そんな状況にまで自分を追い込むつもりはまったくなかった。この世界に絶対がないことくらいこの年齢になれば誰だってわかる。

でも、自分の夢を共有し続け、信じてきたエージェントのいい加減な言葉が、どうしても許せなかった。

夢を持ち続け、自分の道を信じてここまで待ち続けてきた。苦渋の決断を迫られ、それまで何度も覚悟を決めたはずだった。

覚悟を決めるたびに、また心を揺り動かされ続けた。ギリギリのタイミングで鳴った電話を信じて待ち続けた結果、いまの自分の手元には何も残っていない。

夏の移籍マーケットは終了し、僕は所属クラブがないまま新しいシーズンを迎えることになる。

人生が終わった。あの時は本当に、そう思った。


ついこの間までの僕は、ベルギー1部のスタンダール・リエージュのGKであり、日本代表のGKでもあった。でも、この時点で、僕は何者でもない。所属クラブがなければ、サッカー選手であってもプロではない。だから、何者でもない。

自分はやれる。まだ成長できる。もっと上のレベルで戦える。そう信じていた。それなのに、目の前にある現実は理想とはかけ離れている。チームがない。サッカーができない。日本代表に呼ばれることなんて、もうあり得ない。

後悔が頭をめぐった。落胆と絶望、困惑と焦燥《しょうそう》の念がぐちゃぐちゃに混ざり合って、目の前を行き来した。

結婚したばかりで、もうすぐ子どもが生まれてくる。それなのに、俺はなんでこんなバカげたことをやっているのだろう。こんな結果になるんだったら、プライドなんて捨ててしまえばよかった。どこのチームでもいいから、サインすればよかった。この先、どうやって生きていけばいい?

完全に折れたと思い込んでいた心が折れていなかったことを自覚するまで、どれくらいの時間が流れただろう。

僕はまだ、ホテルの部屋にいた。後悔の念もまだ目の前にあった。でも、叫びたい衝動だけは消えかかっていた。


どん底まで落とされて、頭に浮かんだ。

踏ん張るなら、今だ——。


人は、どん底に追い込まれた時こそ、変わらなければ、進化しなければ、そこから這い上がることはできない。

この数年間は、僕にとってどん底の連続だった。つまり、変化の連続でもあった。変わらなきゃ、前に進めなかった。自分を信じて、信じるからこそ変えて、前に進んできたからいまの自分がある。心からそう思える。

プロサッカー選手として、しかも日本ではなく海外でプレーしてきた僕の身に起きた出来事は、もしかしたら一般社会には当てはまらない特殊なケースなのかもしれない。でも、生きていれば、人は誰しも困難を経験する。発狂したくなる場面に遭遇するかもしれないし、心が折れそうな出来事に直面するかもしれない。

8月31日が過ぎた瞬間、あれだけ鳴りっ放しだった電話がパタリと止まった。途方に暮れた瞬間だった。

いろいろなものを犠牲にしてきた。日本代表もあきらめた。それでも新しい挑戦ができることにすべてを懸けてきた。なのに、9月を迎えても所属チームがなかった。

お世話になっていたノヴァーラからは、9月3日に「新シーズンに向けてチームだけで動く」と伝えられ、僕は練習環境すら失った。その時期になると、どの国でもシーズンが本格始動しているから練習参加を受け入れてくれるクラブはない。結局、エージェントが交渉していたフランス2部のクラブからも正式オファーは届かなかった。

イタリアを離れた僕は、ベルギーに戻った。大袈裟でもなんでもなく、頭がおかしくなり

そうだった。
マーケットが閉まる瞬間のキッさは、いまでも忘れられない。

現実の厳しさに直面すると、夢だの理想だのと言っていられなくなる。現実的に、サッカー選手を続けるためにはどうすればいいのか。プレーヤーとして残された選択肢は、もう〝日本〟しかない。そんな思いも頭をよぎった。

ただ、新しいチャレンジのためにこれだけいろいろな人を待たせて、とんでもない迷惑をかけて、結局最後は「日本に帰ります」なんて言えるはずもなかった。Jリーグを知っているからこそ、それは言いたくなかったし、そんな形で帰ることがすべての人にとっていい出来事になるとは思わなかった。ここまで迷惑をかけるくらいならサッカーをやめたほうがマシではないか。そう考えたりもした。

ギリギリのところまで追い詰められていた。絶望を通り越してきた先に、底の底まで突き落とされた。

そんなどん底に落ちていく感覚の中で、ある言葉が思い浮かんだ。

「人生の中で本当に踏ん張らなければいけない時があるとしたら、それはいまではないか」

本や映画を見ているとよく耳にする言葉だ。絶対にあきらめるな。あきらめなければなんとかなる。追い込まれた時に何かできるかだ。

自分も何かあるたびにその言葉を言い聞かせてきた。絶対になんとかなる、と。

でも、この時の状況はいままでにないほど自分を追い込んでいた。そしてこの追い込まれた状況で僕は思った。

そう、本当の意味で踏ん張らなければいけないのは、いまだ——。

日本にいる妻に電話をして、そこまでの経緯を説明した。本当に踏ん張らなきゃいけないのは、いまだと思う。素直にそう話した。それからの交渉はすべて自分でやると決めて、なんとか気持ちを奮い立たせた。

正直なところ、あのタイミングでのオファーだったら、プライドなんて捨ててどこでも行っていたと思う。

どんなに理想を追い求めても、チームがなければ話にならない。試合に出なければ自分の力を証明することができない。あの経験を通じて、そんな当たり前のことを改めて痛感した。当時はよく「所属チームがなくなって、どんな感情だったのか」と聞かれたけれど、あの頃の感情は自分でもうまく表現することができない。苦しいとか、そんな単純な感情じゃなかったことだけは間違いない。

ついこの間まで日本代表としてピッチに立っていた選手が、所属チームを失い、職も失ってしまう。自分の中で「もっとできる」という確かな感覚を持っていたとしても、それを証明するために必要なオファーがない。どうしてあそこまでのリスクを負ってしまったのか、自分でもよくわからない。

でも、だからこそ、ここであきらめたら、信じる道を進まなかったら絶対に後悔すると思っていた。信じる道を進んできたせいで何度も後悔したけど、それでもまだ、自分の中には信じられる感覚がある。ならば、やっぱりそれを信じるしかない。そうじゃなければ、いつかすべてが終わった時に後悔してしまうだろう。

あれから時間が経って、いまとなっては「バカだったな」と思うところもある。何をそんなにこだわって、夢見がちなことを言っていたのだろうと。

その一方で、結局、選手とはそういうものなのかもしれないとも思える。夢を見てヨーロッパに渡って、また夢を見て移籍にチャレンジして……。35歳になったいまだって、18歳や19歳の頃と同じように夢を見ている。だからわずかでも希望が見えれば、それを信じる。

本当に苦しかった。それでもあきらめなかった。いまこそ、踏ん張る時。そう決意した僕はもう一度自分を奮い立たせた。

突然浮上したオファーに、僕は飛びついた

ポジションがひとつしかなく、代えのきかないGKのマーケットは、フィールドプレーヤーのマーケットに比べても明らかに難しい。後々、自分の経験を通して知ることだけど、GKマーケットの難しさを味わっているのは僕だけではなかった。

2017年夏、フランスのレンヌからボルドーに移籍した元フランス代表のブノワ・コスティルは、その前年、夏のマーケットでレンヌを出て移籍するつもりだった。でも、その夏のマーケットが閉まった後、彼はこんなコメントをしていた。

「GKのマーケットは難しくて思うようにいかなかった。でも、レンヌでプレーするのは今年が最後になるだろう」

当時はフランス代表にも選ばれていたクラスの選手でも移籍するのが簡単ではない。GKのマーケットはそれくらい複雑で、ヨーロッパのパスポートを持たない日本人GKである自

分は、さらに倍増した難しさに翻弄された。
ただ、信じるしか道はなかった。

そもそも、海外挑戦は始まりから簡単ではなかった。南アフリカW杯で十分なインパクトを残したと思っていたのに、正式なオファーが届いたのは、ヨーロッパの中でも小さなふたつのクラブだけだった。リールセは、自分の第一歩としてはいいクラブだったと思う。でも、当時の給料は安かったし、キャリアそのもののリスクを冒してベルギーに渡った。

大変な思いをして海外に出て、それから5シーズン、ベルギーでなんとかやってきた。自分の中ではまだヨーロッパで戦えるという感覚があったから、その感覚を信じるしかなかった。日本に帰ってくればいいという意見もあったけれど、あの時、日本に帰ったら、もう二度とヨーロッパに戻れないことはわかっていた。だから、プライドを捨てた。

それからの交渉は、すべて自分でやった。恥を忍んで古巣のスタンダールに電話を入れ、「もしGKが必要なら、給料が安くてもいいから契約してほしい」と打診した。過去にオファーをくれたクラブの会長にも直接電話を入れ、自分の状況を説明した。あの時はもう、自分でやれることはすべてやった。なんでもいいから、とにかくヨーロッパに残ることだけを考えていた。その後、ヨーロッパのクラブから話があったけれど、その交渉もうまくまとまらなかった。

2015年10月初旬、オカ（岡崎慎司）が所属するイングランドのレスター・シティから練習参加を受け入れてくれるという話があった。テストを兼ねた練習参加だったから、しっかり準備するためにリールセ時代のGKコーチに連絡をして練習に付き合ってもらった。それから、ベルギー代表のトレーナーにも連絡を入れた。リエージュからアントワープまで車で1時間。それでも喜んで通った。何しろ、当時の自分はまともにサッカーをやっていなかったし、ボールすらほとんど触っていなかった。

仲間とは変わらずに連絡を取り合っていた。マコ（長谷部誠）や（内田）篤人、（吉田）麻也。特に、マコは心配して、ことあるごとに連絡をくれた。

10月の終わり。突然浮上したオファーに、僕は飛びついた。行き先は、スコットランドのダンディー・ユナイテッドだった。

たった半年だったけれど、スコットランドでの経験も自分にとっては価値のあるものだった。新しいアイデアが出てきたというか、自分が具体的に何を積み上げないと上のレベルには行けないということが、トレーニングや試合を通じてよくわかった。

想像していたとおり、スコットランドでは〝強くなること〞を必然的に求められた。あそこでプレーしていただけで、身体は勝手に変わっていく。

日本に戻った時、いつもお世話になっているスタイリストさんにそれまでと同じサイズで衣装やスーツを用意してもらうと、今までのサイズはパツパツで着れなくなっていた。

スコットランドにいる間、スタンダールのスタジアムに行く機会があった。自分が〝外の人間〞になって、初めてあのスタジアムで試合を見た。自分もあのピッチに立っていたのだと思うと、いろいろな感情がこみ上げてきた。スタンドはいつもほぼ満員。熱い雰囲気が懐かしかった。スタンダールでの思い出はつらいものばかりだけど、その時は「ここで戦えたことが誇らしい」とさえ思えた。

それと比較して、ベルギーで最初に所属したリールセは本当に小さくて温かいクラブだった。かかわる人すべてのファミリー意識が強く、チームは弱かったけれど、プレーすること自体はとても心地よかった。

スタンダールへの移籍が決まった時、みんなに言われた。「リエージュは特別な町だ。気をつけたほうがいいぞ」と。あの時の自分には言葉の意味がよくわからなかったけれど、その後の3年間で痛いほど理解した。ベルギー国内でも「スタンダールでGKを務めることほど大変な仕事はない」と言われるほどだから、結果的には僕もその洗礼を受けることになった。

もしかしたら、同じような精神状態に立たされたのは僕だけじゃないかもしれない。僕の後に試合に出始めたGKは、結果が出なかった時、家までサポーターが押し寄せてきたという話も聞いた。自分だけに起きた出来事ではないという話を後から聞かされたりすると、ひとつの経験として誇らしくさえ感じる。

スタンダールと比較すれば、スコットランドのダンディー・ユナイテッドはまったくの別世界だった。あまりにも寒すぎる気候や環境はもちろんのこと、サッカーの質も大きく異なる。その変化に対応するのに必死だったけど、クラブも含め、サポーターはとても温かく、本当に良くしてもらった。シーズン後半、出場機会をもらいながらチームを残留に導けなかったことはいまでも大きな心残りだ。

即答した。絶対に行く。いますぐに行く

ダンディーとの半年間の契約を終えた2016年夏、ありがたいことにいろいろなクラブから話をもらった。ベルギー1部のクラブとフランス2部のクラブからオファーがあり、オランダのクラブからも「興味がある」という話があった。具体的な契約内容についても提示があったから、僕はオランダのクラブで新しいチャレンジを始めようと思っていた。ところが、エージェントに足を運んでもらうと「給料を下げてほしい」と打診されたという。そのクラブは僕との交渉でモメているうちに他のGKを獲得し、結局、自分の移籍はなくなった。

ヤバい。このままじゃ1年前の二の舞になる――。

実は、2016年の夏もそんな感じだった。

あの過《あやま》ちだけは、二度と繰り返したくなかった。だから早い段階から興味を持っていてくれたフランス2部のクラブに行くことを決めた。

日本にいた僕は、朝6時に家を出てフランスに飛び、契約書にサインする予定だった。ところがその前日、別のオランダ1部のクラブからオファーが出るという話が飛び込んできた。そのクラブからは「フランスからのオファーを蹴ってくれ」と言われたので、「それなら朝6時までに正式オファーを出してくれ」と伝えた。次の日の朝6時に家を出発予定で、迎えに来てくれる予定のマネージャーとは1時間おきに連絡を取り合い、一睡もできなかった。3時になっても4時になっても、5時になっても連絡がない。朝6時に家を出る予定だったが、その時間が刻一刻と迫っても連絡がない。出発直前、「99％大丈夫」というエージェントを信じて、僕はパリ行きのフライトを苦渋の決断でキャンセルした。でも、結局、オランダからの正式オファーは届かなかった。

「フランスに行くのをやめる」と嫁さんに伝えると、彼女は「仮にオランダの話がなくなっても、後悔しないならいいんじゃない」と言った。オランダの話が破談になり、とんでもなく落ち込んでいる僕を見て、初めて彼女は怒った。「後悔しないって言ったでしょ！」と。

それからしばらく、日本でトレーニングを続けた。日々変わる状況の中でジムに通うことしかできなかった。

ある日、日課のようになっていたマネージャーへの移籍状況の報告をして、「これからジムに行ってきます」と連絡を入れた。電話を切った後、ジムに向かう途中の車を止めて、考え込んだ。そんな状況を受け入れ難く、急に気が滅入《めい》った。「行ってきます」という連絡からわずか30分後、僕はマネージャーに「もうジムに行きたくない！」と愚痴をこぼした。そこで僕ら2人で出した解決策は、テニスをやることだった。

2人とも初心者だ。でも、だからこそレベルが拮抗《きっこう》していて最高に面白かった。その日からは、毎日テニス。いつの間にかサーブを上から打つようになり、しまいにはスピンショットまで打てるようになった。夏の真っ盛りの屋内コートはバカみたいに暑かったけれど、あの時、僕らは完全にテニスに救われた。


楽しすぎて、熱中しすぎて1週間が過ぎた頃、ベルギー時代から知っている友人から連絡があった。

「そっち、どうなってる？」

もちろん、まだ何も決まってない。彼は言った。

「1番手として試合に出られる保証はないけど、経験があって1番手の若い選手とレギュラーを争える選手を探しているクラブがある。俺は、エイジならやれると思う」

僕は即答した。絶対に行く。いますぐ行く。

次の日には飛行機に乗った。行き先は、フランスのメスだった。


メスに加入して1年目の2016－17シーズン、公式戦ではたった6試合の出場機会しか与えられなかった。

正直なところ、もっと早く試合に出られると思っていた。ただ、1年目はチームの調子が良く、GKもいいプレーをしていた。だから仕方ないと思える部分もあった。

加入する直前、僕はクラブ公式の発表で「3番手」とはっきり表現された。「1番手を争えるGKを探している」と聞いていただけだったから、どうしてそう表現されたのか詳しいことはわからない。もちろん気にしていなかったけれど、まさかそこまではっきり言われるとは思わなかったから少し驚いた。後から聞いた話では、「1番手と2番手の関係性に配慮《はいりょ》した」ということだったらしい。


ただ、そんなことはどうでもよかった。

ダンディーを退団してからまた所属クラブがなくなり、2度目の浪人生活も頭をよぎった。

そんなタイミングで、こんなに大きなチャンスをもらえるとは思っていなかった。

ましてて、メスはフランス1部のチームだ。どんなにもがいても手が届かなかったヨーロッパ5大リーグのクラブだ。

フランス1部のクラブからは、1年前からいくつもの「興味」を示してもらっていた。トゥールーズやニースからも話があった。でも、最終的にはまったくダメ。あと一歩のところまで迫っても、その〝あと一歩〟が果てしなく遠い。アジア人GKとして、日本人GKとしてヨーロッパの5大リーグに入っていくための越えられない壁の大きさを、僕はひしひしと実感していた。

素直な気持ちに従ったからこそ、いまの自分がある

チームが公式に「3番手」と表現したことで、加入したばかりの頃はチームメイトからもそういう目で見られた。1番手を目指す選手とさえ見てもらえず、何かにつけて「いやいや、お前、3番手でしょ?」という雰囲気は確かにあった。でも、3番手だろうが4番手だろうが、僕にとってはチーム内の序列なんてどうでもよかった。他人がどう評価しようと、それを自分の力で覆《くつがえ》せばいい。

何より、願っていた舞台に上がるためのチケットを手にすることができた。本当に大きな一歩だった。あれだけ動いてもまったく踏み込めなかったところに、向こうから、まったく予期しないタイミングでチャンスがめぐってきたのだから。

3番手でも1番手でも、やるべきことは変わらない。結局は、毎日のトレーニングで自分の力を認めてもらうためのアピールを繰り返すだけ。自分が一番で、他のどの選手よりもや

れる。結局、そのことを毎日のトレーニングで証明し続けられなければ、監督も使いたいと思わない。
毎日が勝負という気持ちは、もうずっと変わらない。トップチームだろうがリザーブチームだろうが、自分が目指すレベルがはっきりしているからそこに向かうだけだった。いろいろあって、フランスまで来たこともそう。3番手の立場を受け入れることもそう。全部自分で決めたことだ。

結局、すべては二択なんだと思う。
与えられた環境に左右されて流されるか。それとも、手にしたチケットを最大限に生かすため、自分が決めたことに最後まで全力を懸けてチャレンジするか。やるかやらないか。

僕は、もちろんチャレンジする。メスに来てからも、目指すものを変えずに突き進んでいくことしか考えていなかった。

浪人時代にプライドを捨てたことは、結果的にプラスに作用したと素直に思える。

レスターではありがたいことにトップチームの練習に参加させてもらったけれど、試合があれば、僕はチームに残ってユース年代の練習に参加していた。当時33歳にして、身分は練習生。試合には連れて行ってもらえないから、居残りで10代の若手と一緒にトレーニングをする。普通に考えれば「何やってるんだ」と突っ込みたくもなる。

でも、10代後半の選手たちと一緒にトレーニングをすることで、自分がその年齢だった頃のことを思い出した。

海外でプレーすることにあこがれて、日本人GKとしてヨーロッパで活躍するという大きな夢を描いていた。お金はないし、経験もない。夢と目標しかない。それでもガムシャラに頑張っていたあの頃の自分の姿を、目の前で一緒に汗を流している彼らの姿に重ね合わせることができた。

何歳になっても、そういう気持ちを忘れてはいけないのだと思う。メスに来ても状況は似たようなものだった。３番手として入団して、ほぼ1年間ずっとリザーブチームの試合に出場し続けた。もちろん、悔しい気持ちがなかったわけじゃない。「なんでこんなところで」と思っていたし、試合に出場してもどこかもの足りない。

それでも、若い選手たちとプレーすることで自分の原点を思い出せたことは、いい年齢になったいまだからこそ価値があったと感じている。サッカー選手としてのモチベーションは彼らと変わらない。何歳だろうが、サッカーを続けている限りうまくなりたいと思うし、いくつになっても夢を追い続けたいと思う。

そういう気持ちは、10代後半の選手と同じでいい。レスターやメスで彼らとともに過ごした時間は、30歳を過ぎたいまだからこそ価値があった。

２０１５年夏に始まった約半年間の浪人時代、僕にとっては間違いなく人生で最も厳しい時間だった。

つらい思いをしたのは自分だけじゃない。僕にかかわってくれていたすべての人に心配をかけてしまったし、僕が気づかないところで迷惑をかけてしまったこともあると思う。いまになって振り返れば「たったの半年」に見えるけれど、先が見えない不安や恐怖は、その時間を果てしなく長いものに思わせた。僕は一度、サッカー選手である自分の未来をあきらめかけた。自分がしてきた決断を思い切り後悔した。それでもいま、サッカー選手としてユニフォームを着て、ピッチに立っている。

そのすべての要因は、「もっと成長したい」「新たなチャレンジをしたい」という選手としての単純な欲求だった。スタンダールを離れると決めた時に思い描いた理想のキャリアプランを歩めているわけじゃない。でも、折れかかった心をなんとか繋ぎとめて、自分自身の心の中にある素直な気持ちに従った。そこだけはブレなかった。だからこそ、いまの自分がある。

2015年夏に始まった浪人時代から2年半が経過した2017－18シーズン終盤も、僕はまだヨーロッパの舞台でゴールを守っていた。紆余曲折《うよきょくせつ》を経てたどり着いたフランスのメスでは、なんとしても手に入れたいと思っていた「5大リーグ1部」の舞台に立つことができた。もちろん、この舞台に立ったことで、また新たな欲も湧き出てくる。あの時期を経験したからこそ、自分の未来に対してはポジティブなワクワク感しかなかった。

2018年夏、ロシアW杯が終わって、また新しいチームを探すことになった。

W杯が終わってからは3週間ほどオフを過ごした。日本に戻ってからすぐに家族で沖縄に旅行に行ったが、台風の影響で急遽《きゅうきょ》、香港に移動した。そして、とにかくのんびり過ごした。

頭の中を少しサッカーから離すために、テニスをしたり、サッカーとは違うスポーツをしたりして身体を動かしていた。この4年間、全身全霊を注いできたW杯後の脱力感はやはり大きい。

最高のパフォーマンスを発揮するべく、4年間追い込み続けてきた身体も悲鳴を上げ始めていたし、精神的にも疲弊しきっていた。

メスとの契約はW杯前には終えていたので、新しいクラブを探さなければいけない。もちろん、そういった話は春先から動き始めていたのだが。W杯を終えて現実的にどういう選択肢が出てくるのか、自分が次へ向かっていく上でどんな環境でチャレンジを続けていきたいのか。そんな自分の次のステップについて考えている中、アジアのクラブから魅力的なオファーが届いた。

過去の自分の道筋を考えれば、このW杯を機に、チャレンジの仕方をいままでとは変えたいと思っていた。

日本に帰ることも選択肢として考えていたし、ヨーロッパ以外の国にチャレンジしてみたいという気持ちもまたあった。

とにかく、何かを変えたい。そんな気持ちだった。

アジアのクラブでいままでとは違うステージで挑戦しようと思い、交渉を前向きに進めていたが、契約直前で破談になった。契約ごとは、サインをするまで本当に何が起こるかわからない。

ほぼ決まりかけていた話がなくなり、8月の初めにまたクラブ探しを再スタートする必要があり、状況は少し難しくなっていた。だが、3年前にも経験したように、最終的に物事はなるようになるのだ。

フランス1部リーグのRCストラスブールが興味を持ってくれていたのは、W杯前のことだ。でも、W杯が終わっても思ったように話は進まなかったから、選択肢のひとつになるとはあまり考えていなかった。8月の初めにはクラブから直接コンタクトがあり、ようやく新しいスタートかと思いきや、マーケットの影響でそこから先に進まなかった。もうヨーロッパ各国のリーグも開幕し始めていた。

待つ時間があまりにも長かったので、家族でバルセロナに旅行へ行った。

入団会見後、ストラスブールの街を散策した。
こんな都会のチームに所属するのは初めてで、生活もとても楽しみ。

思い返せば、2年前、メスに加入が決まる前、チーム探しのことでマーク・シュウォーツァー（元オーストラリア代表GK）と連絡を取った。当時43歳だった彼は、レスターでプレミアリーグ優勝を経験した後、フリーになっていた。


「いまはどこで練習しているの？」

そんな僕の質問に彼はこう答えた。

「実はいま、家族でスペインに旅行に来ているんだ」

この心の余裕はどこから来るのだろうか。そんな気持ちにさせられたのを覚えている。今回の僕は、その時のマークの気持ちに少し近づくことができたのだろうか。

とにかく、天気が良くて、海がある気持ちのいい環境に身を置いて、身体を動かしつつ、空いている時間は初めて行くバルセロナの街を散策したり、ビーチでのんびりしたりして過ごした。スペインのエージェントにも会ったりと、最高に充実した時間を送ることができた。

8月の終わり。マーケットが終盤に差しかかるとフランスの他のチームからも連絡が入ったが、外国人枠の関係で断念せざるを得なかった。

そんな中、ストラスブールから本格的なオファーが入った。話が進む時は、本当に早いものだ。連絡が来た1時間後には、メディアから「その話は本当か」と電話が鳴り始めた。

ストラスブールとは昨年、ホームとアウェイで2度対戦した。メスとストラスブールの試合はかなり熱いダービーだが、特にアウェイでのスタジアムの雰囲気は最高だった。ホームスタジアムであるスタッド・ドゥ・ラ・メノは素晴らしい環境で、毎試合ほぼ満員。サッカー選手として理想的な環境が整ったクラブだと思う。ストラスブールの街も、メス時代に何度か訪れたことがあり、家族も気に入っていた。サッカー選手は毎年のように、暮らす国や地域が変わる。それは、家族にとっても簡単なことではない。

家族にとっても、またヨーロッパの最前線で挑戦できる自分にとっても、このストラスブールの話はとても魅力的だった。
もう迷うことは何もない。自分が信じる道を進めばいい。

意志は必ず道を開く。自らの経験を通じてそれを知ったからこそ、いまの僕に怖いものはない。

「浪人時代」と言うと軽く聞こえるかもしれないけど、僕にとっては、間違いなく人生で最も厳しい期間だった。所属クラブを失い、サッカー選手である自分が、サッカー選手ではなくなってしまった日々。すべては新しいチャレンジをするための決断だったけれど、新しいチャレンジにはとんでもない痛みが伴い、その痛みに耐える時間はあまりにも長く感じた。
それでも、あのチャレンジから得た教訓が、いまでも「前に進まなければ」と思える原動力になっていることは間違いない。誰もが得られる経験じゃないからこそ、僕にとってあの期間は、何にも代えがたい特別な時間だった。

第四章

日本人、そして日本人GKという高いハードル

GKに対する見方や考え方は、日本とヨーロッパでは大きく異なる。ベルギーに行って改めて突きつけられたのは、僕自身が、チームにとっては〝外国人助っ人〟であり、しかも日本人で、さらにGKであるという現実だった。

GKはヨーロッパではとても人気のあるポジションで、「GKになりたい」と本気で思う子たちがたくさんいる。一方で、大人はGKというポジションの意味や価値、重要性をよく理解していて、つまり11あるポジションの中でも花形のひとつ、だからなおさら、ピッチ上のパフォーマンスに対しても、移籍マーケットにおける〝商品〟としてもGKに対する目は厳しい。

それを理解して冷静に考えれば、簡単にわかる。はっきり言って、どの国、どのクラブにおいても、わざわざ日本人のGKを獲得してメンバーリストに加える必要性はない。それくらい、アジア人のGK、日本人のGKに対する評価は低い。

欧州5大リーグでプレーすることは、目標のひとつだった。フランスのメスには、2016年から2シーズン在籍した。

16
FC METZ

ヨーロッパにはレベルの高いＧＫがゴロゴロいる。次から次へと優秀な若手が育つ。国によって違うとはいえ外国人の助っ人枠は限られているから、日本人ＧＫを獲得して失敗するなら、ヨーロッパのパスポートを持つ選手を獲得して失敗したほうがまだいい。育成組織から未来ある若手を引っ張り上げて使うほうが、経済的なリスクは小さく、言い訳もできる。リスクを冒す必要はない。

だから、あくまで「外国人助っ人」である僕は、少なくともその国の選手と同等以上のレベルであると評価されなければいけないし、常に上回っていなければポジションを奪うことはできない。アジア人ならなおさら。飛び抜けていいプレーを見せ続けることができなければ、ヨーロッパのサッカー界でＧＫとして生き残ることはできない。

そういう厳しさに直面しているのは、もちろん日本人だけじゃない。

ロシアＷ杯でも高い評価を得たメキシコ代表のＧＫギジェルモ・オチョアは、２０１４年ブラジルＷ杯の大活躍によって世界でも指折りのＧＫとして移籍マーケットの目玉となった。ブラジルＷ杯の直前までフランスのアジャクシオでプレーしていた彼が新天地に選んだのは、スペインのマラガ。ただし、このチームにはカメルーン代表ＧＫイドリス・カメニがいて、オチョアでさえもレギュラーポジションを奪うことができなかった。結局、レンタル移籍先のグラナダは2部降格が決まり、2017－18シーズンからはかつて僕がプレーしたベルギーのスタンダール・リエージュでプレーしている。

W杯であれだけ名前を売ったオチョアでさえも、ヨーロッパのパスポートを持っていないことが状況を難しくしたのだろう。彼も常に外国人助っ人であるから、自分が行きたいと思えるクラブに行けるわけじゃない。リエージュへ行って一緒に食事に行った時に「どうしようもないよね」と嘆く彼の話を聞いて、GKとしてヨーロッパのマーケットで勝負することの難しさを改めて感じた。

ヨーロッパのサッカー文化において、GKの分野においては日本はまだまだアジアの小国にすぎない。そこから助っ人としてやって来るくらいだから、ベルギーでも、スコットランドでも、フランスでも、「日本人GKはどれだけやるんだ?」「どんなプラスアルファをもたらしてくれるんだ?」という〝目〟の厳しさをずっと感じてきた。練習中にちょっとしたことで、見学しているファンから「おい！ ちゃんとキャッチしろ！」という笑い声が聞こえてくる。

だからこそ、責任は重い。日本人GKとして僕だけがヨーロッパに出ている現状を考えれば、僕自身が評価されなければ「日本人GKはダメだ」というレッテルを貼られてしまう。

逆に、評価されれば日本人GKの価値を高めることができる。その責任の大きさは、ベルギーに渡ったばかりの頃から強く感じてきた。

結果を出さなきゃ、「日本人GKはレベルが低い」という評価を覆すことはできない。だからこそ、僕は自分を変えた。飛び込んだ環境で評価されるため、失敗を繰り返しながらでもそれまでの自分のサッカー観を変えた。たとえ自分が正しいと思っていても、「アイツらはわかっていない」で済ませることはできない。自分に対して、日本人GKに対しての評価を覆すためには、自分自身が変わるしかなかった。

そうした変化の過程において、正直に言えば「逃げ出したい」という気持ちがなかったわけじゃない。ただ、「負けたくない」という気持ちはそれよりも強かった。

スタンダールに在籍したGKは、そのほとんどが自国では代表クラスの選手だった。僕の前にいたトルコ人GKもそう。2年目に加入してきたフランス人GKもそう。ようやくこのレベル、つまり海外の代表クラスのGKと同じラインに立って、同じ環境で戦い、同じ環境で評価されるようになったことに大きな価値を見いだしていた。自分自身がそれを強く求めていたから、簡単に負けるわけにはいかない。日本人GKとしてそこで勝負した時に「やっぱり負けちゃうんだね」とは言われたくなかった。

いまとなれば、そこまで考える必要はなかったのかもしれない。でも、自分のためじゃなく、これから先、日本人ＧＫが世界でどう見られるかを考えたら、自分がここで負けてられないという気持ち、日本人ＧＫとしてのプライドはすごく強かった。

認められないこと、正当に評価してもらえないことの不満は、そういう考えにも由来していたと思う。自分は大きな視野を持って頑張っているのに、どうしてこんなにつらい思いをしなければならないのだと。

ただ、もしかしたらその考えは必要なかったのかもしれない。当時の自分は日本人としてのプライドだけは譲れなかったけれど、いまの自分は、自分が本当にやりたいことに対してもっと純粋に突き進めばいいと感じている。

ＧＫの文化が浅い日本で育った僕には、ＧＫとして成長するための、世界のレベルに到達するためのアイデアがなかった。道筋も見えなかった。

日本の社会や環境の中で育つと、どうしてもミスすることを恐れてしまう。若い頃の自分もそう。いや、ヨーロッパに渡ってからも、そういう時期の葛藤を何度も味わってきた。ＧＫにとって、ミスは命取りだ。だからミスをするのが怖かった。だけど、僕が思う「本当に

ベルギー、スコットランド、フランスのチームに所属し、練習ではイングランド、イタリアなどでも練習を重ねた。その経験は、今後日本人ＧＫへと還元されていく財産となる。

いいプレー」とは、ミスを避けようとした結果として生まれるものじゃない。


言葉で説明するのは難しい。破るべき「殻《から》」は人それぞれに違う。

自分のことを例に挙げれば、メスの監督に言われてポジショニングを1、2メートル前に取ったこともそう。スタンダールで叩き込まれた前に飛び出す勇気もそう。それまでの自分とは、違う自分への挑戦。自分にないものと向き合うことが、殻を破ることに繋がる。

ヨーロッパでは、ゴール前に張りつくＧＫは生き残れない。技術論が先に語られる日本では、とにかく柔らかくキャッチする、ボールの勢いを吸収するための技術に特化して語られる傾向が強い。構え方やポジショニングに対する考え方もそうだ。

ヨーロッパのＧＫは、ボールに対してアタックしようとする。強いシュートは、強い力でねじ伏せる。〝生きたボール〟に対してどうすればもっと速く反応できるか。どうすれば失点を回避することができるか。ギリギリの場面で正しい判断をして、クロスボールに反応することができるか。相手のシュートに対して1歩でもシュートコースを限定するポジショニングが取れているか。パンチングの判断は本当に正解だったのか。もしかしたらキャッチできたんじゃないか——。

GKとして理想とするプレースタイルは、ヨーロッパに出て大きく変わった。プレースタイルもプレーエリアも大きく変わったし、何をもって自分自身が満足できるかの基準も大きく変わった。

答えに近づけているか？　いつかの自分と比較すれば、そういう感覚は確かにある。進化し続けるサッカーにたったひとつの正解はないけど、それについていこう、近づこうとする自分の意識は、はっきりしている。僕にとってヨーロッパでの経験は、GKとして成長するためのアイデアを拾い集める時間だ。

日本人GKに向けて「もっと海外に出てほしい」なんて、傲慢《ごうまん》なことは言えない。選手である以上、自分は自分の進化にすべてを注ぐしかない。全力で、いまの自分を超えることだけに集中するしかない。

それまでと同じ自分では、時代の変化についていけない。だから常に自分自身を変化させて、進化させたい。本当の意味での成功はその先にあって、自分のパッションと向き合い続けるためには、変化すること、進化することに対して真摯に取り組むしかない。

僕にとってそのスピードを加速させてくれる環境は、日本を飛び出した先、ヨーロッパにあった。外国人助っ人として、しかも日本人ＧＫとして向き合った現実は、僕に多くのものをもたらしてくれた。

第五章

夢や希望を繋げていきたい

これまでのサッカー人生は、予想できないことの連続だった。残りの僕のサッカー人生がどうなっていくか誰にも予想することはできない。自分の中ではっきりとしたイメージを持っていても、それがどういうプロセスでそうなっていくのか、はたまた違ったものができ上がるのかはわからない。

それでも思いどおりにいくことなんてほとんどないのかもしれない。だからこそ夢や理想に向かって自分らしく、川島永嗣らしく突き進むことを大切にしたいと思っている。

ロシアW杯が終わったいま、僕は35歳でプロとして18年戦ってきたことになる。この年齢になるとその先のことを聞かれる機会が増えてきた。

「今回が最後のW杯ですよね？」
「引退したら何がしたいですか？」

所属クラブがなかった浪人時代、プロサッカー選手でいることの価値や尊さをイヤというほど痛感した。だから、いまは先のことなんて考えずに、いまこの瞬間の自分の情熱に従っていたいと思う。その情熱がまた未来の自分の形を作ってくれると信じている。

僕はまだ夢を見ている。

幸運なことにGKの選手としての寿命はフィールドプレーヤーより長い。それだけ僕にはまだ時間が残されていると思っている。

僕はずっと40歳までトップレベルでプレーしたいと言ってきた。そしていまでも日本人のGKがチャンピオンズリーグに出場することを夢に見ている。

日本を飛び出してから8年。とにかく自分はやれると信じてここまで突っ走ってきた。


これから先、同じような挑戦をしていけるか、不安はもちろんある。そして同じような挑戦をすることが自分にとってベストなのかゆっくりと考えなければいけない。


もしかしたら挑戦の形は変わっていくのかもしれない。

もしかしたら変わらないのかもしれない。


でもここからは、苦しみに耐え続けるのではなく、いい意味で楽しく、自分の挑戦に集中できる環境がいいのではないかと思っている。

いまは声を大にしてこう言うのかもしれない。

「人生なるようになっている。だから心配する必要なんてない」と。

心の持ち方はいままでとは全然違う。

何かを成し遂げるためには、多くのものを乗り越えていかなければいけない。

だからここからまた夢を見続けるためには、たくさんの忍耐が必要になっていくだろう。

「耐心力」

不器用だけど、とにかくまっすぐ進んでいきたい。不格好かもしれないが、自分にしかできないことに挑戦し続けたい。それが人々の心に響くように、日々自分自身を磨いていきたい。

何より夢を見続けたい。

たくさんの人と夢を共有したい。

4年後のカタールW杯、僕がそこにいるかはわからない。

でも、夢を見る権利は誰にだってある。

そして夢があるから、そして希望があるから人は輝ける。そして僕自身の夢が、その先の誰かの夢に繋がっていくことをまた、僕は夢見ているのかもしれない。

あとがき

ここ数年は、本当に激動の日々だった。本当に。

毎年、毎シーズンを振り返る時、今年も一筋縄ではいかなかったなと思わされることはいつもあるけれど、何かひとつの課題を乗り越えるたびに、また大きな波に攫われていった。

僕の人生の中でも、本当に多くを学ばせてもらった数年だったと心から思う。

それでも、そのおかげで今まで経験したことのない素晴らしい景色を見ることができた。

それは決してひとりでは見ることはできない、壮大な景色だ。

2016年、数カ月ぶりに戻った日本代表のロッカールームで、僕は久々に自分の名前の入った背番号1のユニフォームを眺めていた。

そしてその下にはいつもと変わらずに、僕が試合前に必要なすべてのものが準備されていた。

日本代表で長くエキップを担当する山根さんと麻生さんは、僕が必要なものを変わらずに準備してくれていた。それを見て、自分のユニフォームがいつもと違うもっと特別なものに見えた。

「浜さーん、昨日も何も連絡ありませんでした(笑)」

「永嗣、大丈夫ー!!」

日本の蒸し暑い夏、ウォーミングアップでジョギングをしながら、毎日そんな会話が続いた。最後は日本代表のGKコーチとしてともに戦った浜さんは、チームがない時いつも練習に付き合ってくれた。

つらい時は仲間に会いに行った。

フランクフルトでマコ(長谷部誠)に会ったり、リハビリ中だった(内田)篤人となぜか一緒にトレーニングしたり、少し離れていた(吉田)麻也には会えなかったけど、同じ志を持った仲間といられる時間はいつも自分を奮い立たせてくれた。

チームが決まらない間、長く苦楽をともにしているマネージャーの隆《りゅう》さんの声は電話越しでいつも不安そうだった。僕の無謀な決断で多くの迷惑をかけてしまった。それでも最後の最後までサポートに徹し続けてくれた。僕の話に耳を傾けてくれ、僕の挑戦の意味をいつだって理解してくれている。

そして、いつも側で支えてくれて、一番の理解者である妻の広子にはどんなに感謝を伝えても伝えきれない。

僕らが式を挙げたのは、僕のチームがなくなった時だった。

彼女のお腹には新たな命が宿っていた。

新たなチームをヨーロッパで探す間、大きなお腹を抱え、ひとり離れた日本でなんの不満も言わずに僕の背中を押し続けてくれた。

僕が試合に出られない時には、僕以上に僕を信じてくれていた。

息子の存在も大きな大きな支えだった。

自分の子供に父親としていい背中を見せたい。GKとしてヨーロッパでやっている姿を見せたい。以前はそんなこと微塵も思っていなかったが、その想いはだんだんと大きくなっていった。

２０１７年３月、Ｗ杯最終予選ＵＡＥ戦。
試合終了のホイッスルが鳴った瞬間、僕は空を見上げた。
涙が止まらなかった。
それは勝った喜びとも負けた悔しさとも違う、今までとは違う涙だった。

夢は必ず叶う。

あのホイッスルが鳴った瞬間本気でそう思った。
苦しい時、つらい時、どん底に落ちた時、僕は自分に言い聞かせてきた。
いまこそがあきらめてはいけない時なんだと。

その先に、こんな瞬間を感じることができるんだと。

そして、その夢は自分ひとりでは決して叶えることができなかった。
多くの人の支えがあってこそ、いま、この瞬間があるのだと。

この本を終えるにあたって、改めて自分を支えるすべての人に感謝を伝えたいと思います。
そしていつも応援して下さる皆さんにも心から感謝を伝えたい。

僕のサッカー選手としての夢は続く。
その夢がまた僕に何を見させてくれるのか、そしてどんな形になっていくのか心から楽しみです。

そんな夢をこの本を読んでくれた皆さんと共有し、そして皆さんの夢と僕の夢が繋がってくれたら、こんなに嬉しいことはありません。

川島永嗣

PROFILE

1983年3月20日生まれ。埼玉県出身。
浦和東高校卒業後、大宮アルディージャに加入。名古屋グランパスエイト、川崎フロンターレを経て、2010年にベルギー1部のリールセSKに移籍。2011年から2年連続でチーム年間最優秀選手に選ばれる。

その後、同1部の名門スタンダール・リエージュやスコットランド1部のダンディー・ユナイテッドを経て、2016年にフランス1部のFCメスに移籍。日本人GKとして初めてヨーロッパリーグ、チャンピオンズリーグ予選に出場。2018年8月、同1部のRCストラスブールに加入。日本代表では、GKとして歴代2位の88試合出場(2018年9月15日現在)。

W杯は、2010年南アフリカ、2014年ブラジル、2018年ロシアの3大会連続で出場し、日本代表のゴールを守った。受賞歴は、2009年Jリーグベストイレブン&フェアプレー個人賞など。

英語・イタリア語・フランス語など、複数言語を話すことができる。185㎝、74kg。

著書に『準備する力　夢を実現する逆算のマネジメント』『本当に「英語を話したい」キミへ』『小学生向け! サッカー英語ドリル 初級篇』がある。

globalathlete.jp/eiji-kawashima/
@eijikawashima01

※シャツ、ニット、パンツ(すべてジェームス パース／ジェームス パース 青山店☎03-6418-0928)

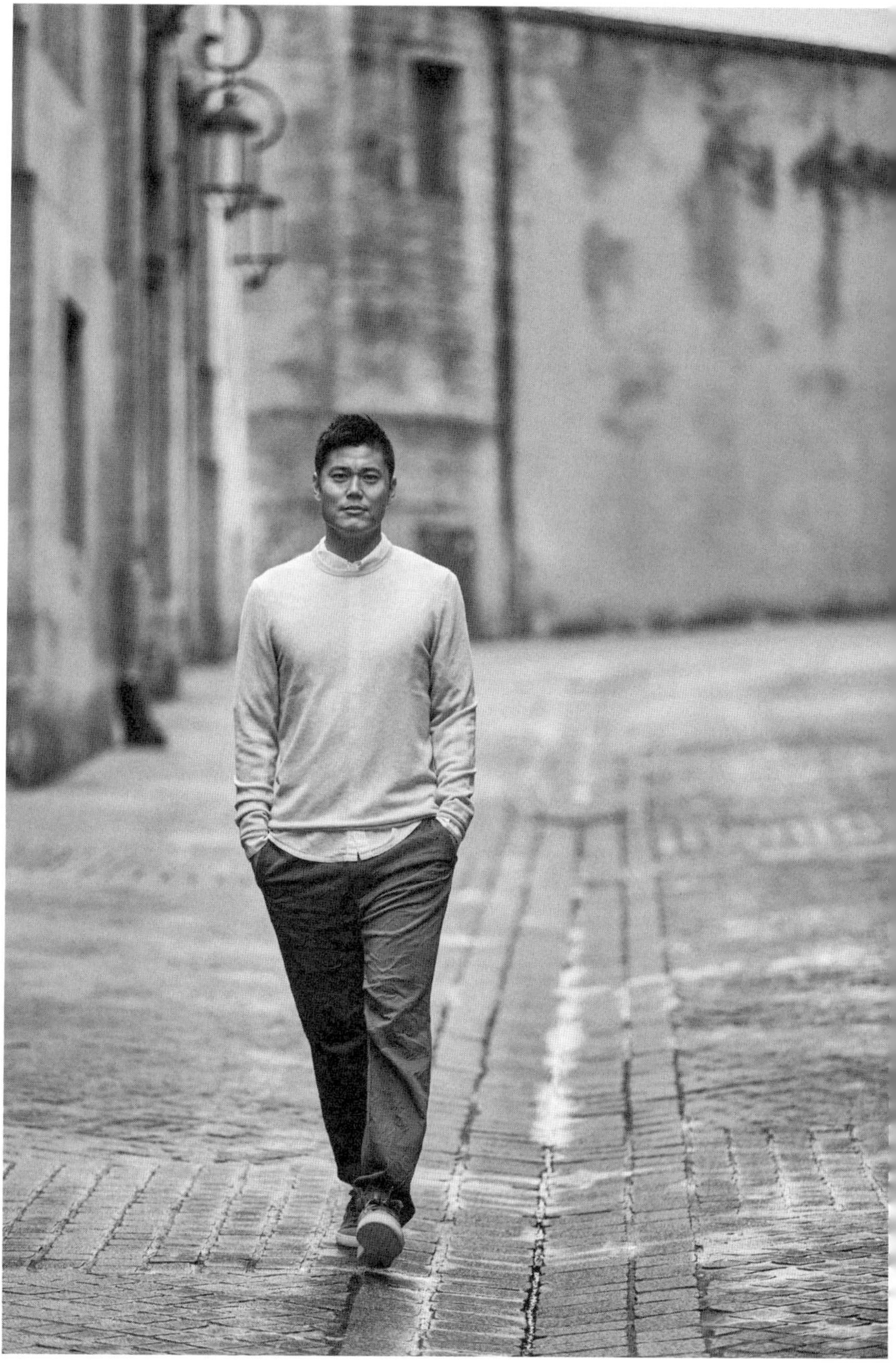

耐《たい》心《しん》力《りょく》

重圧をコントロールする術《すべ》がある

2018年10月10日 第1刷発行

著　者　川島永嗣
発行者　見城 徹
発行所　株式会社 幻冬舎
〒151-0051
東京都渋谷区千駄ヶ谷4-9-7
03（5411）6211（編集）
03（5411）6222（営業）
振替：00120-8-767643
印刷・製本所　図書印刷株式会社

検印廃止

Printed in Japan
ISBN978-4-344-03382-5 C0095
幻冬舎ホームページアドレス
http://www.gentosha.co.jp/
この本に関するご意見・ご感想をメールでお寄せいただく場合は、comment@gentosha.co.jpまで。